GIUSTIZIA
come servizio all'uomo

GIUSTIZIA
come servizio all'uomo

Riflessioni di un magistrato
sul lavoro del giudice

Rodolfo Venditti

Edizione 2017

Rodolfo Venditti è nato a Ivrea nel 1925. È stato magistrato dal 1950 al 1993. Parallelamente al lavoro di giudice ha coltivato lo studio del diritto penale, specializzandosi in *Diritto penale militare,* materia di cui è stato docente nella Facoltà di Giurisprudenza dell'Università di Torino. Ha studiato con particolare interesse la tematica dell'obiezione di coscienza al servizio militare e in tale campo si è impegnato per anni con gli obiettori in servizio civile e con i movimenti per la pace. Appassionato cultore della musica classica, si è adoperato - con scritti, conferenze musicali, presentazione di concerti - a diffondere, specialmente tra i giovani, il gusto per quella musica e a scoprire i messaggi di umanità, di nonviolenza, di pace contenuti nelle composizioni dei grandi musicisti. Tra le sue pubblicazioni più significative: *Il diritto penale militare nel sistema penale italiano,* Giuffrè, Milano 1992; *L'obiezione di coscienza al servizio militare,* Giuffrè, Milano 1994; *Piccola guida alla grande musica,* 10 voll., Sonda, Torino 1990-2013.

In copertina: CLAUDE MONET (1840-1926), *Ninfee.*
Questa splendida fioritura di ninfee (uno dei soggetti preferiti dal grande pittore impressionista Monet) è stata scelta per questo libro sulla giustizia perché in molti testi poetici la giustizia viene descritta come una pianta che fiorisce e l'uomo giusto è presentato come un fiore che sboccia rigoglioso.

Prima pubblicazione: 1995, ELLE DI CI, LEUMANN, Torino

ISBN 978-1-365-77400-3

Indice

1   Il mio primo impatto con la magistratura..................................1
2   Una professione libera e indipendente 4
3   Interpretazione della legge e creatività del giudice..............8
4   Soggezione alla legge e coscienza del giudice.....................10
5   Tecnica legislativa e problemi del giudice,
    interprete della legge 15
6   Rendere giustizia: servizio alla società e servizio all'uomo 22
7   Un settore privilegiato di servizio all'uomo:
    le cause di separazione tra coniugi 26
8   Farsi capire 31
9   Giustizia e rapidità...33
10 Eppure: cronica lentezza della giustizia italiana. Perché? 37
11 Fasti e nefasti della giustizia 40
12 Dignità e sciatteria nell'adempiere il ruolo del giudice..........42
13 Decidere è fare delle scelte 44
14 Essere e apparire...47
15 Senso dei propri limiti...50
16 Un lavoro sempre nuovo..52
17 In tema di «politicizzazione» dei giudici................................54
18 Sciopero dei magistrati e sospensione delle udienze...........59
19 Rapporti tra giudice e avvocati 62
20 Elogio dell'avvocato scritto da un giudice.............................65
21 Rapporti del giudice con le parti e con i testi.......................68
22 A proposito di lettere e donativi...74
23 «Nec prece nec pretio» 76
24 I limiti del processo civile: il giudice prigioniero della forma 78
25 I vari settori del lavoro giudiziario e le opzioni del magistrato........81
26 Magistratura e incarichi extragiudiziari 85
27 Giustizia e informazione 88
28 Esperienze di un giudice minorile 93
29 La magistratura, cardine dello Stato di diritto.
    Terrorismo, giudici e diritti dell'uomo 99
30 Costruire l'Europa anche attraverso la giurisprudenza...............105
31 La donna nella magistratura 108
32 Giustizia e varia umanità 111
33 «Nolite judicare». Spunti sapienziali sul giudice 114

Introduzione

È indelebile per me il ricordo di mio padre seduto alla scrivania, intento a studiare documenti processuali o a redigere appunti, verbali e motivazioni di sentenze. Mi colpiva la concentrazione con cui si dedicava al suo lavoro e la sua capacità di raccoglimento, anche quando in casa c'era il trambusto di noi tre figli (magari insieme a nostri amici) o quando, la sera, c'era il televisore acceso sul canale della Svizzera, perché noi stavamo guardando SuperGulp.

Il ticchettìo della sua macchina da scrivere Olivetti era intervallato da pause di profonda riflessione, e si percepiva nell'aria tutta l'attenzione che metteva nello scegliere le parole più appropriate, accurate e comprensibili per esprimere ciò che stava mettendo per iscritto.

Per me ragazzino è stata una fortuna che lui potesse svolgere a casa una parte del suo lavoro di giudice: anche se lavorava moltissimo, era un papà presente, sempre disponibile ad interrompere in qualsiasi momento il suo lavoro per farmi ripetere la mia lezione di storia o per aiutarmi a battere a macchina (lui era ben più veloce di me!) la mia ultima ricerca (fatta rigorosamente usando l'encicopedia di casa, perché Google non esisteva ancora...). Poi tornava al suo lavoro, con la medesima concentrazione di prima, come se mai fosse stato interrotto.

Da ragazzino, io del suo lavoro capivo poco: troppi termini difficili e concetti complicati, che lui di tanto in tanto provava a spiegarmi, semplificandoli ed esprimendoli con parole che fossero alla mia portata. Ma, al di là di come funzionasse il suo lavoro quotidiano, ricordo bene di aver appreso e interiorizzato fin da bambino alcuni princìpi fondamentali del suo modo di intendere la giustizia. Ad esempio, il fatto che un uomo che ha rubato, secondo lui, non potesse essere chiamato *ladro*, perché chiamarlo *ladro* significa etichettarlo ora e per sempre, mentre uno che ha rubato *ha rubato*, cioè ha fatto uno sbaglio nel passato, ma ha tutte le possibilità di non sbagliare più in futuro. "Persino uno che ha ucciso, cioè uno che ha commesso un atto terribile, disumano e inqualificabile, - mi diceva - non deve essere chiamato *assassino*, perché chiamarlo *assassino* significa azzerare la speranza di un suo profondo cambiamento, di una sua redenzione, che invece è sempre possibile ed auspicabile".

Ecco: l'attenzione all'uomo, con le sue miserie e le sue infinite potenzialità, credo sia stata davvero per mio padre una delle colonne fondamentali del suo modo di intendere non solo il suo lavoro, ma probabilmente anche proprio la sua vita: personale, coniugale, familiare, di relazione.

"*Giustizia come servizio all'uomo*" è un libro da cui «trasuda» questo sentimento fondamentale di attenzione all'uomo, insieme a tanti altri aspetti-cardine di quella che è la sua visione della vita; è un libro in cui mio padre non parla solo del lavoro del giudice, ma di quella che è stata la sua personalissima «interpretazione» del ruolo del magistrato; una interpretazione in cui è stato capace di incarnare quelle convinzioni e quei valori profondi che vive nel suo quotidiano.

Sono passati più di vent'anni dalla prima uscita del volumetto "*Giustizia come servizio all'uomo*", la cui unica edizione risulta ormai introvabile. Rileggendolo, ho pensato che fosse bello ridare vita a queste pagine, rendendole di nuovo disponibili a chi è interessato ad approfondire queste tematiche. Ho pensato inoltre che ripubblicarle potesse essere un gesto di gratitudine verso il mio papà quasi 92-enne, e che lui sarebbe stato lieto di poter di nuovo avere a disposizione delle copie di questo libro per poterne fare omaggio ad amici e conoscenti, come ha spesso fatto.

Ho deciso di ripubblicare queste pagine senza modificarle in alcun modo rispetto alla versione originale del 1995. Il lettore sia conscio del fatto che ogni riferimento ad avvenimenti di attualità o a stili di vita e scuole di pensiero va ovviamente «letto» riportandolo al contesto degli anni Novanta.

Torino, 19 marzo 2017   ALBERTO VENDITTI

Premessa

Ho lavorato come magistrato ordinario per quarantatré anni, dal 1950 al 1993. La professione di magistrato è una professione bellissima, che non mi ha deluso. Nell'ultimo anno di vita professionale ho lavorato con lo stesso entusiasmo che avevo quando iniziai.

In quel lungo arco di tempo il lavoro di giudice mi diede spunti molteplici di riflessione. E il mio riflettere ricevette stimoli ulteriori nel corso di molti incontri con gruppi di uditori giudiziari che svolgevano il loro tirocinio negli uffici giudiziari torinesi e ai quali il Consiglio Giudiziario mi incaricava, via via, di parlare della professione del giudice. Parlare delle proprie esperienze induce a scavare, a risalire ai principi, a mettere a fuoco le linee-guida del proprio operare.

La constatazione del vivo interesse che i giovani uditori mostravano per tale tipo di argomenti mi suggerì di tradurre per iscritto quelle riflessioni, nel desiderio di proporle a un numero di giovani più vasto. Io ho sempre vissuto a contatto coi giovani: dapprima attraverso il movimento giovanile dell'Azione Cattolica, poi attraverso la vita dei miei figli e dei loro amici, poi ancora attraverso il lavoro giudiziario in campo minorile, l'insegnamento universitario e un intenso rapporto col mondo degli obiettori di coscienza in servizio civile (un mondo che ho seguito per molti anni, in parallelo con i miei studi sull'obiezione di coscienza al servizio militare). Quindi la realtà giovanile mi è nota e mi sta molto a cuore. Soprattutto apprezzo l'acuto bisogno di impegno, di pulizia, di solidarietà che sale dal mondo dei giovani, la domanda di senso, la ricerca di valori, la capacità di entusiasmo e di spendita di sé che caratterizzano larghe fasce giovanili.

Oggi sono moltissimi i giovani che avvertono il fascino del lavoro del giudice. Le vicende giudiziarie di questi ultimi anni, che hanno innescato in Italia una vera e propria rivoluzione pacifica, hanno messo in evidenza, con particolare forza, l'importanza del ruolo del giudice e la sua forte incidenza nel sociale. L'impegno del giudice è apparso come una delle vie maestre per costruire una società diversa e più giusta. È naturale, allora, che sia aumentato il numero degli iscritti alle Facoltà di Giurisprudenza e che si sia dilatato il numero dei laureati in Giurisprudenza che partecipano ai concorsi in magistratura.

Queste mie riflessioni, svolte «a voce alta» in questo piccolo libro, possono dunque presentare qualche interesse per qualcuno dei molti giovani che provano attrazione per il lavoro del giudice.

Da queste pagine emergono indicazioni di deontologia professionale che non hanno alcuna pretesa di completezza, né di sistematicità, né di assolutezza. Certo, io mi auguro che possano essere condivise da molti, poiché rispondono a mie convinzioni profonde, verificate attraverso esperienze concrete: ma non pretendono affatto di indicare *il* modo ideale di fare il giudice. Indicano *un* modo di fare il giudice: un modo che a me è stato suggerito dalla mia personale visione della vita e della funzione giurisdizionale, ma che lascia spazio a molte altre «versioni». Ogni persona è unica e irripetibile, e ha un suo modo unico, inimitabile, insostituibile di vivere la propria professione.

Immagino che vi saranno miei ottimi colleghi che dissentiranno dalla radicalità di talune mie idee (mi riferisco specialmente al paragrafo dedicato al «servizio all'uomo» o a quello intitolato «Farsi capire»). C'è spazio, ovviamente, per tutte le opinioni e per molti modi di fare il giudice (sempreché vengano rispettati i principi di fondo contenuti nella Costituzione): ognuno di quei modi trova riscontro in concreti esempi di magistrati che hanno incarnato perfettamente il ruolo del giudice, sia pure con modalità diverse e personalissime. È, comunque, significativo che proprio in questi ultimi anni sia affiorata, anche a livello legislativo, l'esigenza di formulare un codice etico del magistrato.

Le riflessioni contenute in questo libro sono disseminate in ordine sparso e non aspirano a seguire un rigoroso filo logico: compongono un discorso «a ruota libera», un mosaico di spunti che può essere accostato partendo liberamente da qualsiasi punto, da qualsiasi paragrafo.

Torino, ottobre 1994   RODOLFO VENDITTI

1
IL MIO PRIMO IMPATTO
CON LA MAGISTRATURA

Il mio primo impatto con la magistratura avvenne nel 1950. Nel 1949 avevo partecipato alle prove scritte e orali del concorso; nel febbraio 1950 prestai giuramento davanti alla prima Sezione Civile del Tribunale di Torino; poi svolsi il mio «uditorato senza funzioni» in vari uffici giudiziari torinesi; ebbi, infine, le funzioni e fui destinato al Tribunale di Saluzzo. Quest'ultimo era un piccolo tribunale del Piemonte dove un giovane magistrato aveva modo di fare un'esperienza molto ricca e articolata, poiché aveva occasione di occuparsi di tutti i tipi di lavoro giudiziario: udienza penale, istruzione e decisione delle cause civili, fallimenti, istruzione penale, volontaria giurisdizione, esecuzione penale e civile, sorveglianza, ecc.

La prima impressione che ebbi della magistratura vista dal di dentro fu di grande serietà e impegno, nonché di grande cordialità e spirito di accoglienza. Fui accolto, fin dal primo momento, come un collega a pieno titolo. Pur essendo, io, un inesperto principiante, mi si trattò con grande stima e rispetto, mi si diede piena fiducia, mi si accolse senza diffidenze, mi si introdusse nel lavoro giudiziario senza riserve né gelosie. Fu per me una scuola importante e decisiva: non soltanto dal punto di vista tecnico-giuridico, ma anche dal punto di vista umano, perché mi trovai a lavorare con colleghi molto validi e disponibili, coi quali nacque un rapporto di colleganza e di amicizia molto profondo e duraturo.

Questa impressione iniziale ricevette in seguito, negli anni, molte conferme, quando passai alla Pretura di Torino, poi al Tribunale e, in seguito, alla Corte di appello di Torino. Posso davvero dire che ho trovato nella magistratura un ambiente molto qualificato dal punto di vista umano e professionale, dove non ho incontrato lotte e rivalità, dove si lavora con impegno nella reciproca stima, dove l'indipendenza è davvero una realtà.

Certo, la mia è stata una esperienza geograficamente limitata (si è svolta tutta nell'ambito del Piemonte) e quindi inevitabilmente incompleta. Tuttavia è stata discretamente significativa perché, pur riguardando una sola regione, mi ha consentito di lavorare con colleghi provenienti da regioni svariatissime, specialmente meridionali (nelle quali alcuni di essi sono in seguito rientrati).

Qualcuno potrà ritenere strana, o magari ingenua, questa mia visione ottimistica: in un momento come l'attuale in cui vanno emergendo, a livello giudiziario, gravi accuse a taluni magistrati di connivenza con politici corrotti o addirittura con la mafia, ciò che ho detto potrebbe apparire frutto di enorme ingenuità o addirittura tentativo di coprire magagne e di difendere ad ogni costo la magistratura. Sia ben chiaro che io non intendo affatto escludere che nell'ambiente della magistratura possano esistere rivalità, invidie, lotte di potere, giudici non indipendenti, al limite violazioni della legge penale: carenze e devianze possono esistere dovunque, anche all'interno della magistratura (io stesso ebbi a presiedere un processo penale contro un magistrato che aveva operato in uffici giudiziari di un'altra regione e che era imputato di corruzione, reato per il quale il Tribunale di Torino gli inflisse una severa condanna). Intendo soltanto dire che nella mia vita di magistrato non ebbi mai a lavorare con colleghi che tenessero comportamenti gravemente devianti rispetto all'etica professionale del giudice. Di negativo ricordo qualche collega con scarsa voglia di lavorare, oppure con una certa dose di pavidità nel prendere decisioni coraggiose e anticonformiste: difetti senza dubbio deplorevoli, ma limitati a casi assai rari e circoscritti, non tali da vanificare le mie esperienze positive, di gran lunga prevalenti.

Un difetto, invece, più ampio e generalizzato che mi è accaduto di cogliere nella magistratura globalmente considerata, è la tendenza a una eccessiva tolleranza verso il magistrato che lavora poco: si esita ad assumere provvedimenti nei suoi confronti, ci si ispira a un inaccettabile pietismo, si ha paura di «rovinare» una persona. Un atteggiamento, questo, che ritengo molto diffuso, purtroppo, anche in altre amministrazioni dello Stato.

Per contro, un dato fortemente positivo sta nel fatto che la magistratura è sempre stata decisa, energica, inflessibile nel perseguire penalmente i propri membri imputati di reati. Di fronte ai casi di magistrati processati per corruzione, concussione, abuso d'ufficio o altri reati, gli organi giudiziari sono sempre stati intensamente reattivi, rigorosi, obiettivi, senza mai cercare di coprire, senza mai indulgere a spirito corporativistico. Il che costituisce motivo di grande fiducia, poiché conferma che la legge è uguale per tutti e che la magistratura (al di là delle poche o tante «pecore nere») è un corpo sano, ricco di valori, pronto a difenderli anche contro le devianze dei propri componenti. In altre parole, nella magistratura non vige la prassi - così comune, invece, nel mondo politico - del «far quadrato», cioè del difendere ad ogni costo «chi è dei nostri», per il fatto solo di essere «dei nostri».

Quando io entrai in magistratura era ancora abbastanza viva una certa retorica della funzione giudiziaria, che presentava il giudice come «sacerdote di Temi» (Temi, secondo la mitologia greca, era la dea della giustizia), e il lavoro del giudice come una «missione» pressoché sovrumana: una retorica che nasceva da una concezione del giudice come realtà sacra, «separata» e intoccabile, chiusa in un mondo di concetti specialistici e di riti misteriosi, incomprensibili da parte dell'uomo comune; un mondo impenetrabile, sottratto al controllo e alla critica dei non addetti ai lavori.

Quella retorica guardava con diffidenza chi parlasse dell'impegno del giudice come di un «lavoro», di una «professione», di un «mestiere»: l'infatuazione per la dimensione sacrale rendeva incapaci di cogliere la immensa dignità di parole come «lavoro» e «mestiere», e di applicare tali parole al mondo del giudice.

Eppure il lavoro è una dimensione essenziale dell'uomo, fattore di crescita personale e di servizio agli altri. E «mestiere» deriva dal latino *ministerium,* che vuol dire «servizio degli altri», impegno di promuovere e di far crescere il bene di tutti, mettendo a frutto le proprie risorse di intelligenza, di preparazione, di esperienza, di umanità. Per buona fortuna quella retorica è andata dissolvendosi gradualmente, poiché in questi ultimi decenni la figura del giudice si è delineata sempre più come quella di un uomo tra gli uomini e per gli uomini, di un «servitore» dello Stato e della collettività, di un organo pienamente inserito nella realtà dello Stato e della società, sia pure munito di particolari garanzie inerenti alla peculiarità e delicatezza della sua funzione.

2
UNA PROFESSIONE
LIBERA E INDIPENDENTE

Un giovane che entri nella magistratura si accorge subito che la professione del giudice è una professione libera, sovranamente libera. Intendiamoci: il giudice non è un «libero professionista», perché è un funzionario dello Stato e non lavora in proprio. Ma il non essere «libero professionista» non esclude affatto che la sua professione sia «libera» nel senso più pieno e più profondo del termine.

Nel lavoro del giudice, infatti, trova il più ampio spazio la coscienza, la quale diventa, anzi, principale e decisivo «strumento» di lavoro. Il giudice è soggetto soltanto alla legge, e interpreta e applica la legge secondo la propria coscienza. La «soggezione soltanto alla legge», sancita dall'art. 101, 2° comma della Costituzione, non è una proclamazione retorica, destinata a rimanere sulla carta: è una affermazione altamente impegnativa e fortemente incisiva, che si è tradotta nella realtà in modo preciso e tassativo.

Oggi il magistrato è, nel suo decidere, veramente libero da qualsiasi interferenza esterna. L'esistenza dell'organo di autogoverno (il Consiglio Superiore della Magistratura: C.S.M.) lo mette al riparo da qualsiasi pressione politica.

Quando non esisteva il C.S.M. (introdotto dalla Costituzione) il giudice dipendeva dal Ministero della Giustizia, cioè dal potere esecutivo. Quest'ultimo poteva esercitare dei ricatti nei confronti dei giudici: un giudice scomodo e inviso al potere politico era esposto al rischio di arbitrari trasferimenti, di boicottaggi nelle promozioni, di provvedimenti di carattere disciplinare da parte del Ministro della Giustizia. Oggi ciò non è più possibile, poiché tutta la materia dei trasferimenti, delle promozioni, dei procedimenti disciplinari è devoluta al C.S.M., unitamente alla materia del reclutamento e del pensionamento dei magistrati.

Il C.S.M., come è noto, è composto da venti membri eletti dai magistrati, da dieci membri eletti dal Parlamento in seduta comune e da tre membri di diritto (il Presidente della Repubblica, che lo presiede, il primo Presidente della Corte di Cassazione e il

Procuratore Generale presso la Corte di Cassazione). Da quando esiste, il C.S.M. ha rivelato difetti, tensioni interne, venature politiche; il suo governo della magistratura ha spesso suscitato perplessità e polemiche,[1] ma direi che nella sostanza ha adempiuto alla fondamentale funzione di tutelare l'indipendenza dei magistrati dalle interferenze del potere politico.

Alla libertà da interferenze politiche si accompagnano, nella magistratura, altre importanti libertà.

Anzitutto la libertà dalle preoccupazioni economiche, poiché il magistrato ha oggi uno stipendio dignitoso che gli consente di vivere serenamente, senza l'ansia dell'incertezza che spesso accompagna il lavoro del libero professionista. Poi la libertà dai condizionamenti a cui spesso il libero professionista si trova sottoposto nel rapporto con i clienti.

Inoltre la libertà da rapporti gerarchici. Se è vero che in ogni ufficio giudiziario esiste un «capo» (Presidente del Tribunale, Presidente della Corte di appello, Presidente di Sezione, Consigliere Pretore dirigente, ecc.), è anche vero che le funzioni di quel «capo» sono esclusivamente amministrative e non incidono per nulla nei processi decisionali che costituiscono l'attività tipica del giudice; nessun «capo» può arbitrarsi di imporre a un giudice appartenente al proprio ufficio giudiziario di decidere in un modo piuttosto che in un altro; e in tutte le decisioni collegiali l'opinione dei singoli membri del collegio ha pari valore e dignità; l'opinione del presidente del collegio non ha peso maggiore di quella degli altri membri del collegio; anche un giovanissimo giudice può liberamente dissentire dall'opinione dell'anziano presidente, e quest'ultimo non si sentirà in alcun modo diminuito dall'essere messo in minoranza da colleghi più giovani. In 43 anni di professione giudiziaria mi è sempre accaduto (a parte un caso isolatissimo) di avere presidenti di grande valore, preparati, correttissimi, disponibili al confronto delle idee, estremamente rispettosi dell'opinione dei colleghi e della dialettica della camera di consiglio.

---

[1] Vedansi le vicende relative ai provvedimenti inerenti agli uffici giudiziari di Palermo: vicende che sono analizzate nel libro di G. DI LELLO, *Giudici*, Sellerio, Palermo 1994.

Il rapporto tra il magistrato e il suo presidente è un rapporto di autentica colleganza, nutrito di deferenza ma non mai di servile accondiscendenza. Il presidente è, in tutto e per tutto, *primus inter pares:* quella parità è un prezioso patrimonio della magistratura giudicante e ispira uno stile di lavoro ricco di partecipazione e di autentica collegialità.

Il discorso è diverso per gli organi del pubblico ministero, cioè della magistratura requirente. Spesso in una Procura della Repubblica (e in una Procura Generale) ci sono i sostituti. Ma la posizione del Procuratore della Repubblica rispetto ai sostituti non è uguale a quella del Presidente rispetto ai giudici di un Tribunale o di una Corte. La Procura non è un organo collegiale e non è un organo giudicante. Il Procuratore della Repubblica è il titolare dell'azione penale ed è il responsabile dell'ufficio. Potrà, certo, giovarsi dello scambio di idee con i suoi sostituti; potrà sentirne e vagliarne le opinioni; potrà discutere con essi in riunioni collegiali. Ma la decisione sul da farsi spetta, in ultima analisi, a lui solo, titolare dell'ufficio: in caso di contrasto con i sostituti o con un sostituto, prevale l'opinione del titolare dell'ufficio. Qui non è in gioco l'indipendenza del magistrato: il sostituto dissenziente ha pieno diritto di dissentire e nessuno potrà perseguirlo sotto nessun profilo per il suo dissenso; tuttavia prevale l'opinione del titolare, data la struttura dell'ufficio che, per legge, accentra la responsabilità nella figura del Procuratore della Repubblica (o del Procuratore Generale): la quale, da parte sua, è assolutamente garantita nella sua indipendenzza, come lo è qualunque magistrato.

Alle libertà di cui ho detto vorrei aggiungere anche la libertà dal precedente giurisprudenziale. Come è noto, il giudice, nel suo decidere, non è vincolato neppure dall'orientamento che altri giudici (e in particolare la Corte di Cassazione) hanno espresso in ordine alle stesse questioni giuridiche. Il giudice è vincolato dalla sentenza della Corte di Cassazione soltanto nel giudizio di rinvio (e si tratta di ipotesi statisticamente molto limitate): in tutti gli altri casi non è affatto vincolato dalla giurisprudenza della Corte di Cassazione; ha l'obbligo morale di conoscere quella giurisprudenza e di tenerla presente; ma può liberamente criticarla, contrapporvi altre argomentazioni e accedere a soluzioni diverse, purché motivate.

Unico limite a queste libertà è la soggezione alla legge, cioè la lealtà verso la legge, anche quando il giudice non ne condivida le disposizioni. Lealtà verso la legge significa anzitutto impegno di conoscere la legge, di aggiornarsi sui suoi sviluppi, di documentarsi sui problemi che essa pone e che dottrina e giurisprudenza via via si trovano ad affrontare. Il giudice deve essere anzitutto giurista, cioè conoscitore attento, aggiornato, profondo, «scientifico» della legge.

Ma applicare la legge significa anche interpretarla. E il campo dell'interpretazione apre uno spazio immenso alla creatività del giudice.

3
INTERPRETAZIONE DELLA LEGGE
E CREATIVITÀ DEL GIUDICE

Il profano di cose giuridiche pensa normalmente che l'applicazione della legge sia un'operazione matematica: la legge contiene una prescrizione e il giudice non ha che da trarne le conseguenze sul piano concreto dei fatti. Due più due fanno quattro. È una sorta di automatismo che non ammette sfumature.

La realtà è ben diversa. Il giudice non è *la bouche de la loi,* secondo quanto affermava il pur grande Montesquieu; non si limita a verificare la premessa maggiore (la legge) e ad accertare la premessa minore (il fatto) per trarne, con automatico sillogismo, la conclusione. No. Il giudice è chiamato a porsi come interprete vivo, come attivo mediatore tra i comandi o divieti della legge (che sono sempre generali e astratti) e il fatto da giudicare (che è sempre particolare e concreto). La sua attività non è un'operazione meccanicistica: lo schema del sillogismo ha un'anima di verità, ma è soltanto uno schema di massima, una chiave per capire il tipo di procedimento logico; in realtà nel procedimento logico entra in gioco un fattore vivo e non schematizzabile, che è la coscienza del giudice, nella sua tensione di rendere giustizia nel caso concreto.

La legge non è un dato univoco, come invece comunemente si crede. La legge è una costruzione di parole, e le parole hanno un loro intrinseco limite: possono assumere significati diversi a seconda del contesto in cui sono inserite; possono presentare sfumature diverse e quindi esprimere concetti diversi.

Questo è uno dei motivi per cui su molte questioni vi sono, talora, sentenze discordanti. L'interpretazione della legge lascia taluni margini alle scelte interpretative del giudice: e il giudisce sceglie, tra le possibili soluzioni, l'interpretazione che lo convince di più e che gli consente di rendere giustizia nel caso concreto.

Certo, ciò comporta un notevole grado di relatività della giustizia; e tale relatività può essere difficile da capire. Ma la relatività è propria delle cose umane: si pensi quanto sono relative, e spesso discordanti, le diagnosi che medici diversi possono fare del medesimo caso clinico. La divergenza di opinioni è nella natura delle cose: *quot capita, tot sententiae* (quante sono le teste, tante sono le opinioni).

Ma qui, nel caso del lavoro del giudice, la relatività acquista una valenza particolarmente importante, che ho più volte avuto occasione di verificare nella pratica giudiziaria: i margini di discrezionalità che sono insiti nel fenomeno dell'interpretazione offrono al giudice un ventaglio di soluzioni, tra le quali egli può scegliere, secondo coscienza, quella che esprime con maggiore intensità l'esigenza di giustizia che scaturisce dal caso concreto, cioè, in definitiva, dalla società, che costituisce il substrato vivo dell'apparato statuale e il naturale destinatario delle regole elaborate dal potere legislativo.

E qui si può davvero parlare di creatività del giudice. Giurisdizione deriva dal latino *jus dicere,* che significa «dire il diritto nel caso concreto», stabilire qual è il senso specifico della legge in relazione a un caso determinato. *Giurisdizione,* si badi, e non *legislazione:* i due termini - come è stato giustamente osservato[2] - hanno significati diversi e il distinguerli mette in evidenza la specificità della giurisdizione, il cui lavoro è autenticamente creativo. La giurisprudenza crea il diritto vivente: s'intende, entro l'alveo della legge (la «soggezione alla legge»).

Il giudizio (civile o penale) è sempre, per definizione, la soluzione di un caso, di una controversia: cioè è decisione, presa di posizione su punti che sono controversi in diritto. Ma non sempre la controversia riguarda soltanto il diritto, cioè il modo di applicare la legge al caso concreto; spesso riguarda anche il fatto, cioè la ricostruzione storica degli avvenimenti, la valutazione delle prove relative al fatto. Ne esce ulteriormente accentuata la possibilità di valutazioni diverse e contrastanti: cioè la relatività della giustizia.

---

[2] G. ZAGREBELSKY, *Il diritto mite. Legge, diritti, giustizia,* Einaudi, Torino 1990, pag. 207.

4
SOGGEZIONE ALLA LEGGE
E COSCIENZA DEL GIUDICE

Una domanda che spesso mi viene rivolta dai giovani, ai quali parlo volentieri del lavoro del giudice, è questa: «Come fa il giudice a conciliare la propria soggezione alla legge con le esigenze della propria coscienza? Come si comporta il giudice di fronte a una legge che la sua coscienza ritiene ingiusta?».

Il rapporto tra legge e coscienza è un argomento di estremo interesse, su cui ho avuto occasione di riflettere a lungo, anche perché - a livello di studi giuridici - mi occupo da anni dell'obiezione di coscienza al servizio militare. Non è questa la sede per ripercorrere *l'iter* di quelle riflessioni.[3] Qui voglio fissare soltanto alcune idee che sono andato maturando nel corso della mia esperienza giudiziaria.

Al giudice che non condivida, in coscienza, il contenuto di una legge si aprono alcune possibilità, che graduerei nell'ordine seguente.

1) Verificare se il contrasto tra norma e coscienza coincida con un contrasto tra norma e Costituzione. La Costituzione incorpora, infatti, fondamentali valori di giustizia ed è il frutto del patto sociale da cui è nato l'ordinamento democratico repubblicano: in essa la coscienza del giudice trova una sicura tavola di valori e deve essere vigile e attenta nel verificare il rispetto di quei valori da parte delle leggi ordinarie che il giudice stesso è chiamato ad applicare.

Se quel contrasto c'è, il giudice ha il potere di sollevare questione di legittimità costituzionale, sospendendo il processo in cui la legge ordinaria dovrebbe essere applicata e rimettendo gli atti alla Corte costituzionale, unico organo competente a stabilire se sia fondata o no la questione di legittimità costituzionale.

Nel prevedere tale potere, l'ordinamento sancisce e istituzionalizza - a mio avviso - una sorta di obiezione di coscienza del giudice, abilitando quest'ultimo a introdurre un giudizio di

---

[3] Chi fosse interessato a *quell'iter* potrebbe consultare il seguente libro: R. VENDITTI, *L'obiezione di coscienza al servizio militare*, Giuffrè, Milano 1994.

costituzionalità davanti alla Corte costituzionale ogni qualvolta la sua coscienza, in sintonia coi valori costituzionali, ritenga di non condividere il contenuto della norma ordinaria.

Attraverso quel meccanismo, qualsiasi giudice (anche il pretore del più sperduto paese d'Italia) può avviare un procedimento costituzionale che può concludersi con la cancellazione dall'ordinamento giuridico di una norma in contrasto con la Costituzione.

Si tratta dunque di uno straordinario strumento di giustizia offerto alla coscienza del giudice.

2) Quando non vi siano estremi per sollevare questione di legittimità costituzionale, può pur sempre sussistere uno spazio per interpretare la norma alla luce dei principi costituzionali, dandole una dimensione più conforme a giustizia di quanto a prima vista potrebbe sembrare. Molte norme (penali o civili) emanate anteriormente all'entrata in vigore della Costituzione sono sopravvissute nel nostro ordinamento solo perché tra le varie interpretazioni che di esse potevano darsi ce n'era una conforme alla Costituzione, e solo perché quest'ultima interpretazione venne recepita dalla giurisprudenza e diventò quindi «diritto vivente».[4]

3) Anche quando non sussistano le predette situazioni, al giudice si apre sempre la possibilità di interpretare la legge scegliendo, tra le varie interpretazioni possibili, quella più conforme alle esigenze di giustizia del caso concreto.

Faccio un esempio. Prima della miniriforma penale del 1974, la impossibilità di procedere al giudizio di comparazione tra circostanze aggravanti e circostanze attenuanti nel caso di furto aggravato ex art. 625 codice penale portava spesso a conseguenze durissime e ingiuste, poiché nel caso di concorso di due o più aggravanti speciali doveva applicarsi la pena edittale da tre a dieci anni di reclusione. Poteva accadere, allora, che un ragazzo diciottenne che avesse rubato un'auto per fare una scarrozzata, impadronendosi dell'auto stessa parcheggiata

---

[4] Sul «diritto vivente» può vedersi l'ampio studio di A. PUGIOTTO, *Sindacato di costituzionalità e «diritto vivente». Genesi, uso, implicazioni*, Giuffrè, Milano 1994.

per strada e forzando la portiera chiusa a chiave, andasse incontro a una pena da tre a dieci anni, stante la coesistenza, in quel caso, di due aggravanti (la violenza sulla cosa e la esposizione della cosa stessa alla pubblica fede): soluzione palesemente ingiusta (in quanto sproporzionata alla entità del fatto), anche nel caso della eventuale presenza di un'attenuante (ad esempio, quella di cui all'art. 62 bis codice penale). Eppure la giurisprudenza della Corte di Cassazione era consolidata nel ritenere la sussistenza di entrambe le aggravanti e nell'applicare quindi quella durissima pena. A questa soluzione ingiusta la mia coscienza di giudice si è sempre ribellata e tale mio atteggiamento ha trovato pienamente solidali altri miei colleghi. Risolvevamo allora il nostro problema di coscienza attraverso una interpretazione logica della norma, cioè affermando che, a nostro avviso, le due aggravanti erano incompatibili tra loro e non potevano quindi coesistere: chi chiude l'automobile a chiave non si fida dei consociati e quindi non la espone alla pubblica fede; pertanto quando c'è la violenza sulla cosa (cioè la forzatura della portiera) non ci può essere esposizione alla pubblica fede; e viceversa.

Questo ragionamento, che a me pare logicamente impeccabile, consentiva di ritenere la sussistenza di una sola aggravante e quindi di inquadrare il caso concreto non nello schema del furto pluriaggravato, bensì nello schema del furto monoaggravato, con la conseguenza di applicare una pena da uno a sei anni anziché da tre a dieci anni: una bella differenza. La mediazione interpretativa del giudice consentiva di proporzionare, secondo giustizia, la pena al fatto concreto, evitando le ingiuste esorbitanze di una interpretazione formalistica, rifiutata dalla coscienza. Veniva in tal modo disattesa la giurisprudenza della Corte di Cassazione: ma una delle espressioni di libertà e di indipendenza del giudice sta proprio anche nel dissentire (motivatamente) dagli orientamenti della giurisprudenza della Cassazione (salvo, naturalmente, che si tratti del cosiddetto «giudizio di rinvio», a cui ho già accennato e nel quale la decisione della Cassazione è vincolante).

4) Ma anche sul piano della ricostruzione e della valutazione del fatto si aprono al giudice spazi di impegno per approdare a una decisione che la sua coscienza ritenga giusta. Egli sottoporrà a

particolare attenzione valutativa gli elementi probatori riguardanti la sussistenza del fatto, la attribuibilità di esso, le particolari connotazioni del medesimo.

Ci sono, ad esempio, casi in cui una circostanza aggravante che renderebbe ingiusta la sentenza per la sproporzionata entità della pena presenta qualche profilo di dubbio sul piano probatorio e quindi può essere eliminata attraverso una rigorosa valutazione probatoria.

5) Quando non vi sono gli spazi anzidetti che gli consentono di dar voce alle esigenze della propria coscienza, il giudice deve applicare la legge, sia pure contro coscienza. Le regole dell'ordinamento giuridico non gli permettono di sottrarsi alla soggezione alla legge. Diventando magistrato, egli si è impegnato ad applicare la legge. Se non si sente di applicarla, cessi di fare il giudice, cioè si dimetta e cambi mestiere. Ma questo, per verità, è un caso limite.

Un giudice che abbia problemi di coscienza rispetto a una determinata legge ha solitamente la possibilità di essere destinato ad uffici giudiziari in cui non vi sia da applicare quella legge. Ad esempio: un giudice che avvertisse, in coscienza, di non poter mai autorizzare una minorenne ad abortire, potrà chiedere di essere assegnato a un ufficio diverso da quello di pretore giudice tutelare; potrà lavorare in penale o potrà, in una grossa pretura, essere addetto a una sezione che si occupi di sfratti o di azioni possessorie o di diritto del lavoro o di esecuzione civile. E così via. Ci sono concrete possibilità per evitare che un buon giudice lasci la magistratura e per consentirgli campi di lavoro in cui la sua coscienza non entri in conflitto con la legge.

6) Al giudice resta poi sempre la possibilità di criticare una legge che egli è costretto ad applicare ma che non condivide. Tale critica potrà avere spazio nella motivazione del provvedimento e dovrà, ovviamente, essere fatta con serenità, distacco, obiettività e senso della misura: come si addice a un giudice che deve rispettare la distinzione dei poteri e la sovranità popolare che si esprime nel potere legislativo. Un provvedimento motivato criticamente può suscitare

dibattito in dottrina e può innescare nel legislatore un positivo, fruttuoso ripensamento della legge criticata.

5
TECNICA LEGISLATIVA
E PROBLEMI DEL GIUDICE,
INTERPRETE DELLA LEGGE

I margini della interpretazione della legge sono oggi, nell'ordinamento giuridico italiano, particolarmente ampi: talmente ampi da sfiorare la patologia del diritto e da porre al giudice gravi problemi.

Ciò dipende da vari fattori. Anzitutto, dal processo di «decodificazione» che la legislazione italiana ha subìto in questi anni. «Decodificazione» significa, qui, tendenza a emanare leggi singole, particolari, non inquadrate nel sistema di un codice. Il moltiplicarsi di leggi e leggine crea un vero e proprio polverio normativo, che finisce per essere molto dispersivo. Il legislatore evita di ricondurre la norma a un quadro sistematico (quale è quello offerto da un codice) e lascia quindi all'interprete il compito di «sistematizzare» egli stesso, cioè di collocare la norma nel quadro di un sistema e di ricavare da tale collocazione elementi-guida per l'interpretazione della norma stessa.

Il giudice, che è l'interprete per eccellenza, viene così gravato di un compito difficile e, in un certo senso, anomalo: deve sostituirsi al legislatore per individuare le linee del sistema giuridico; deve quindi ingegnarsi a «tenere insieme» un ordinamento giuridico dominato da forze centrifughe e in cui il polverio legislativo aumenta a dismisura il numero delle possibili combinazioni tra i vari testi normativi; deve, poi, svolgere il compito specifico del giudice, deducendo da quelle linee sistematiche i canoni interpretativi. Ciò rende particolarmente aleatori i risultati, aumenta le possibilità di contrasti giurisprudenziali, relativizza all'estremo la giustizia, poiché l'eccessiva ampiezza dello spazio interpretativo aumenta il numero delle possibili soluzioni.

Il secondo fattore sta nella imperfezione tecnica con cui il legislatore legifera oggi. La tecnica normativa ha raggiunto oggi punte estreme di approssimazione: direi che brilla per la sua atecnicità. Sembra paradossale, ma è proprio così. Il giudice si trova spesso di fronte a norme incomprensibili, contraddittorie, che fanno uso di termini giuridici usati in modo improprio.

In un ordinamento giuridico in cui la terminologia aveva raggiunto, attraverso un affinamento di secoli, una precisione geometrica, quella approssimazione ha effetti devastanti. Chi fa le leggi non si pone neppur lontanamente certi problemi che inevitabilmente scaturiranno da un testo redatto in modo approssimativo e atecnico. E talvolta conosce così poco i meccanismi normativi che emana disposizioni destinate a rimanere praticamente inoperanti.

Fa sorridere, ad esempio, vedere il legislatore che fa, giustamente, la voce grossa di fronte a certi tipi di comportamento illecito, ma rincara la durezza delle pene attraverso la previsione di circostanze aggravanti pesantissime, senza rendersi conto che, sul piano pratico, quelle aggravanti verranno, nella massima parte dei casi, vanificate perché basterà il riconoscimento della sussistenza di attenuanti generiche e l'applicazione del meccanismo della comparazione tra aggravanti e attenuanti per far scomparire la nuova pesante aggravante. Il legislatore non ha capito che un reale inasprimento delle pene non può aversi se non incidendo sull'assurdo meccanismo della comparazione, in base al quale una feroce rapina a mano armata può diventare una rapina semplice, con tutte le conseguenze favorevoli per l'imputato in punto entità della pena, termini di custodia cautelare, termini di prescrizione del reato, ecc. È incredibile che il legislatore non si renda conto di un meccanismo così fuorviante, che altera la realtà storica dei fatti e ne falsa radicalmente la disciplina giuridica, e dia in mano al giudice strumenti punitivi spuntati, destinati già in partenza ad essere facilmente vanificati.

Un altro grave difetto in cui il legislatore è incorso frequentemente in questi ultimi decenni è quello di pretendere di risolvere ogni problema con una legge, senza preoccuparsi delle strutture in cui quella legge deve operare. Così, ad esempio, quando, per sollevare il carico penale dei tribunali, il legislatore stabilì che il giudizio di appello avverso le sentenze penali dei pretori passasse dalla competenza dei tribunali a quella delle corti di appello, su queste ultime si rovesciò una valanga di nuovi processi penali, senza che le corti stesse venissero rinforzate negli organici: con la conseguenza che nelle corti di appello più sguarnite di magistrati si accumulò in breve tempo un arretrato spaventoso, che condannò i processi di pretura ad andare incontro a inevitabili prescrizioni durante la pendenza del giudizio di appello. E allora buona parte del lavoro penale dei pretori diventò inutile e la riforma si rivelò dissennata perché calata in una realtà assolutamente inadeguata a reggerne le conseguenze.

Un discorso analogo si può fare per il nuovo codice di procedura penale, costruito in funzione di strutture inesistenti, che vennero poi abborracciate in fretta e furia, ammonticchiando, nel frattempo, migliaia di fascicoli in stanze prive di armadi e di personale sufficiente. Il codice prevedeva, per i vari adempimenti, termini brevissimi che dovettero poi essere modificati. Era impostato, in sostanza, sul modello di una giustizia avveniristica, lontanissima dalla realtà della giustizia italiana: una giustizia, per esempio, addirittura dotata di stenotipisti, ma in pratica destinata ad acconciarsi al modestissimo livello della solita verbalizzazione manuale, con le conseguenti lentezze e perdite di tempo. Lo stesso può dirsi per la riforma del processo civile, ideata senza tener conto dei concreti problemi funzionali della giustizia civile e quindi condannata a molteplici slittamenti rispetto alle previsioni originarie. E che dire, poi, dei giudici di pace? Anche qui, una riforma scritta sulla carta, ma più volte rinviata per l'assenza di aule, di uffici, di personale ausiliario...

Ma non si può non ricordare quella norma addirittura folle che, prevista nella legge sulla responsabilità civile dei giudici, costrinse tutti gli organi giudiziari collegiali a redigere, per ogni provvedimento, una scheda segreta da cui risultasse se la decisione era stata presa all'unanimità o soltanto a maggioranza: un compito burocratico che complicò enormemente il lavoro dei giudici e delle cancellerie e che minacciò di trasformare gli uffici giudiziari in depositi di migliaia di armadi blindati contenenti milioni di schede: schede che, si badi, sarebbero state, nella massima parte dei casi, assolutamente inutili e avrebbero dovuto essere eliminate dopo alcuni anni con apposita verbalizzazione e distruzione. Una complicazione che in pochi mesi soffocò le cancellerie e che venne fortunatamente rimossa da una provvidenziale sentenza della Corte costituzionale, la quale dichiarò la illegittimità costituzionale di una simile norma, palesemente contrastante con il principio di buon andamento dei pubblici uffici sancito dall'art. 97 della Costituzione.[5]

Questo sistema di risolvere i problemi sulla carta, con un tratto di penna, senza porsi il problema concreto dell'attuazione della norma è diventato un vizio abituale del nostro legislatore e ha causato guasti enormi nel funzionamento della giustizia.

A ciò si aggiunga che il legislatore sembra muoversi, a volte, sotto il mero impulso dell'emotività e della demagogia, facendo e disfacendo, dicendo e contraddicendo. Si pensi a quante volte è stato cambiato, in questi anni, il regime della custodia cautelare, i cui termini sono stati continuamente allungati o accorciati sotto la spinta di casi contingenti e di conseguenti ondate emotive; si pensi a leggi la cui vigenza è durata pochissimo, poiché ben presto ha ceduto il passo a modifiche sostanziali.

Un legislatore schizofrenico e inaffidabile, dalle sterzate improvvise e non meditate, impone al giudice repentini mutamenti di indirizzo, una fatica immensa di continua revisione e il logoramento psicologico del sentirsi applicatore di disposizioni incoerenti e contraddittorie.

E ancora: spesso il legislatore formula le leggi sulla base di principi astratti, senza tener conto delle possibili conseguenze pratiche di una legge e senza predisporre una disciplina adeguata. Ad esempio, con la legge 27 dicembre 1956 n. 1423 relativa alle misure di

---

[5] La sentenza costituzionale 19 gennaio 1989 n. 18 dichiarò infatti la illegittimità costituzionale dei commi 1° e 2° dell'art. 16 legge 13 aprile 1988 n. 117 nella parte in cui disponevano che «è compilato sommario processo verbale» anziché «può, se uno dei componenti dell'organo collegiale lo richiede, essere compilato sommario processo verbale». In tal modo ciò che era obbligatorio in ogni caso divenne obbligatorio soltanto nel caso in cui ci fosse un dissenso nel collegio e il dissenziente richiedesse espressamente la compilazione del verbale segreto da cui risultasse il suo dissenso: il numero altissimo di schede da conservare si ridusse a un numero insignificante, poiché è molto raro che, in caso di dissenso, il dissenziente chieda che si compili il verbale-scheda.

prevenzione, previde, tra l'altro, la possibilità di imporre a persone pericolose l'obbligo di soggiorno in un determinato comune, senza porre particolari regole e precisi limiti a tale tipo di provvedimento giudiziale; con la conseguenza che persone sospette di attività mafiose poterono, per decenni, essere inviate in soggiorno obbligato in regioni d'Italia non toccate dal fenomeno mafioso. Ciò offrì a quelle persone l'insperata occasione di inserirsi in ambienti economicamente floridi, di mettervi radici, di chiamarvi parenti e compari; in tal modo la legge stessa si fece promotrice di una vera e propria metastasi del fenomeno mafioso; una metastasi che diffuse il cancro della mafia, prima circoscritto in aree di tradizione mafiosa e omertosa, in tutte le regioni d'Italia. Soltanto recentemente ci si rese conto di questo colossale errore e si corse ai ripari ponendo limiti spaziali piuttosto rigorosi al soggiorno obbligato: ma, ahimè, troppo tardi, perché nei decenni trascorsi la diffusione del cancro era già avvenuta, con esiti disastrosi.

Con questo non intendo dire che la responsabilità del legislatore sia, qui, esclusiva: infatti con essa concorse la responsabilità di magistrati che nei loro provvedimenti fecero delle scelte inopportune e pregiudizievoli, seppur loro consentite dalla legge. Intendo dire che il legislatore non si fece carico di prevedere le conseguenze pregiudizievoli di una regolamentazione giuridica troppo permissiva ed intervenne molto tardivamente, quando ormai i danni erano avvenuti.

Eppure un legislatore così imprevidente, così approssimativo e così mutevole è, per contro, in certe occasioni, fortemente e rigidamente formalista nel disciplinare l'attività del giudice. Si va, in sostanza, da un eccesso all'altro.

Dirò in seguito, nel par. 24, del pesante formalismo che «ingabbia» il giudice civile in una camicia di forza e gli impedisce talvolta di far giustizia sostanziale. Ma anche nel processo penale il formalismo è frequente e assai forte.

Ad esempio, nel prevedere le pene per le varie figure di reato il legislatore italiano manca totalmente di fantasia (e non lascia alcuno spazio alla fantasia del giudice): risolve tutto con la pena detentiva (la pena pecuniaria è molto secondaria, e d'altronde è inefficace nei confronti di persone non abbienti o che figurino tali), e ciò livella i reati e toglie alla pena qualsiasi nota specifica che valga a porre in luce la differente natura della responsabilità penale in ordine ai vari tipi di reato.

Quale diversa fantasia c'è negli ordinamenti anglosassoni, nei quali il giudice ha la possibilità di infliggere una pena specificamente strutturata in relazione alla natura dell'illecito commesso! Si tratta di una sorta di contrappasso dantesco, che può avere forti potenzialità punitive e rieducative.

Ad esempio, di fronte a un omicidio colposo verificatosi a seguito di incidente stradale, è immensamente più efficace condannare il responsabile dell'incidente a lavorare un mese in un pronto soccorso d'ospedale e a toccar con mano le conseguenze gravissime che possono avere le violazioni del codice stradale, anziché condannarlo a quattro mesi di carcere (solitamente, poi, non scontati o per condizionale o per condono e per sopravvenuta prescrizione). E quanta saggezza c'è in certe recenti decisioni di giudici inglesi o nordamericani: condannare un razzista «naziskin», responsabile di atti di violenza, a incontrare ebrei, uomini di colore, sopravvissuti ai campi di sterminio nazisti, a entrare in dialogo con essi, a rendersi conto dell'assurdità del razzismo; condannare l'autore di un tentato omicidio (in conseguenza del quale la vittima restò immobilizzata su una sedia a rotelle) a scontare, tra l'altro, una pena accessoria consistente nel trascorrere un certo periodo vivendo su una sedia a rotelle...

Mi rendo ben conto che in Italia il principio di stretta legalità non consentirebbe al giudice una simile libertà di movimento, e tutt'al più gli consente di operare nel ristretto ambito delle sanzioni sostitutive e delle misure alternative. Ma l'indicazione che ci viene dal mondo della giustizia anglosassone mi pare valida, ricca di interessanti suggestioni. E qualcosa ha cominciato a muoversi anche in Italia, perché il decreto-legge 26 aprile 1993 n. 122, conv. con modificazioni dalla legge 25 giugno 1993 n. 205 (Misure urgenti in materia di discriminazione razziale, etnica e religiosa), prevede tra le sanzioni accessorie l'obbligo di prestare un'attività non retribuita a favore della collettività per finalità sociali o di pubblica utilità per un periodo massimo di due settimane, e dispone che l'attività non retribuita può essere prestata per opere di bonifica e restauro degli edifici danneggiati con scritti, emblemi o simboli propri o usuali delle organizzazioni, associazioni, movimenti o gruppi aventi tra i loro scopi l'incitamento all'odio o alla discriminazione razziale, oppure prestata a favore di organizzazioni di assistenza sociale e di volontariato operanti nei settori della tossicodipendenza, dell'handicap, degli anziani, degli extracomunitari, ecc.

6
RENDERE GIUSTIZIA: SERVIZIO ALLA SOCIETÀ E SERVIZIO ALL'UOMO

Che il giudice, attraverso il suo lavoro, renda un servizio alla società è cosa di immediata evidenza: una società non può sussistere se i suoi componenti non osservano alcune regole essenziali di rispetto reciproco, regole che fondano la possibilità stessa del vivere sociale. Pensiamo al codice penale e avremo subito la percezione precisa che la maggior parte delle norme penali contengono regole di comportamento senza la cui osservanza una società si autodistruggerebbe.

Il giudice che presiede all'osservanza di quelle regole e applica la pena a chi le trasgredisce, rende un servizio a tutta la società. E altrettanto va detto del giudice che amministra la giustizia civile: nelle controversie tra privati cittadini l'esistenza di un giudice imparziale e dotato di autorità impedisce che *cives ad arma ruant,* cioè che i cittadini si combattano l'un l'altro, facendosi ragione con le proprie mani. Anche qui il giudice svolge un ruolo sociale indispensabile.

Tutto ciò è evidentissimo.

Più difficile è cogliere nel lavoro del giudice un servizio all'uomo, *al singolo uomo.* Vien spontaneo domandarsi: «Ma come? Un giudice che emana una sentenza di condanna (penale o civile) rende un servizio all'uomo? Che razza di servizio è condannare?».

Questa domanda sconcertata non ha fondamento.

Anzitutto, il giudice (penale o civile) non ha il compito di condannare, bensì quello di fare giustizia; e il fare giustizia può comportare l'assolvere l'imputato da una accusa penale ingiusta o il convenuto da una domanda civile infondata. Qui siamo già di fronte a un «servizio all'uomo» di altissimo valore, che consiste nel ristabilire la verità e la giustizia, nel ridonare serenità ed equilibrio.

Ma anche il giudice penale che emette una giusta sentenza di condanna rende un servizio al singolo uomo, alla singola persona condannata: perché una condanna penale giusta, l'inflizione di una pena proporzionata alla gravità del fatto commesso e al grado di responsabilità dell'imputato offre a quest'ultimo la possibilità di pagare il suo debito verso la società e di innescare un processo interiore di revisione della vita. Ogni uomo ha la possibilità di cambiare, di lasciarsi alle spalle un passato di sbagli, di ricostruire la vita su nuove basi (ed è questo uno dei motivi essenziali che si oppongono alla ammissibilità della pena di morte poiché una simile pena nega al condannato quella possibilità).

In genere il condannato non nutre rancore verso il giudice che ha emesso una sentenza che egli sente giusta. Questo l'ho toccato con mano più volte nella mia esperienza di giudice. Mi è accaduto persino che un condannato, espiata la pena e rientrato nella società, si rivolgesse, vent'anni dopo la condanna, a me (a me che lo avevo condannato!) per chiedermi un consiglio in un momento difficile della sua vita familiare: segno evidente che aveva stima e fiducia nel giudice che lo aveva condannato; in sostanza, aveva capito che la condanna non era una vendetta sociale, bensì un atto di giustizia compiuto senza odio e destinato ad aiutarlo a cambiar vita e a non ricadere nel reato.

Esperienze di questo tipo, e ancor più significative, potrebbero essere citate in gran numero. Particolarmente interessante l'esperienza resa nota da padre Adolfo Bachelet, il gesuita fratello del prof. Vittorio Bachelet, ucciso dal terrorismo quando era vicepresidente del Consiglio Superiore della Magistratura. Padre Bachelet venne casualmente in contatto con un terrorista che portava dentro di sé un peso intollerabile per i delitti commessi e una forte spinta a cambiar vita e a rimediare, per quanto possibile, al male compiuto. Si stabilì un rapporto positivo tra i due, e nel giro di poco tempo altri terroristi detenuti si rivolsero al sacerdote. È sempre difficile valutare il cammino di una coscienza: ma padre Bachelet ebbe modo di verificare gli enormi progressi di queste revisioni di vita.

Ciò conferma quanto la letteratura (Dostoevskij in testa) e la psicologia hanno descritto in ordine alle dinamiche psicologiche che seguono il compimento di un delitto e in ordine all'impellente bisogno del colpevole di liberarsi del peso della colpa.

Oggi si parla solitamente con disprezzo dei pentiti e del pentitismo. E ci possono ben essere dei «pentimenti» interessati e inautentici: donde l'esigenza di una valutazione estremamente prudente. Ma perché non mettere nel conto anche i germi di ravvedimento e le dinamiche positive che una giusta condanna e una giusta carcerazione (o anche solo la prospettiva di esse) possono mettere in moto?

Mi viene in mente l'estrema fiducia con cui Gandhi ha sempre guardato all'uomo, anche a quello più violento, nella convinzione che in ogni uomo ci sia un barlume di razionalità, di ragionevolezza, di umanità a cui fare appello per far maturare un tipo nuovo di rapporto tra gli uomini.

Che poi la pena sia di fatto gestita, nella realtà carceraria, in senso non rieducativo, bensì negativo e talvolta distruttivo (carceri sovraffollate, promiscuità per età e tipo di reati, clima di violenza e di sopraffazione tra detenuti, personale carcerario non sufficientemente numeroso e non adeguatamente qualificato, ecc.) è un discorso grave e drammatico che non deve essere ignorato: ma alla sua radice stanno non tanto carenze di giudici, quanto piuttosto carenze del potere esecutivo, a cui compete la gestione degli istituti penitenziari. Il giudice avverte il dramma di riflesso, perché tutte le volte che condanna a una pena sa che, purtroppo, la pena inflitta potrà avere effetti assai diversi da quelli previsti dall'arto 27, 3° comma della Costituzione.

Da ciò ha origine un ampio dibattito tra i giudici, volto a richiamare il potere esecutivo alle sue responsabilità e a influire sulla gestione delle strutture penitenziarie, sollecitando insistentemente l'adeguamento della gestione stessa alle finalità previste dal dettato costituzionale.

Il discorso sul «servizio all'uomo» vale con particolare pregnanza anche per il giudice civile. Qui oserei dire che il primo compito del giudice (specialmente del giudice di primo grado) è quello di «operatore di pace».

Può sembrare un paradosso: ma io ho verificato spesso, nella mia esperienza di giudice civile di primo grado (pretore o giudice di tribunale), che le parti si attendono dal giudice, prima ancora che una decisione sulla ragione e sul torto, un impegno di ascolto e una mediazione autorevole. Quante volte, pretore in cause possessorie o giudice di tribunale in sopralluoghi di vario tipo, ebbi a trascorrere ore nell'ascolto delle parti; e mi accorgevo che, man mano che le parti si sfogavano e si sentivano ascoltate, la carica di litigiosità diminuiva, i rancori si smorzavano, emergeva adagio adagio la ragionevolezza e si profilava un approdo transattivo che soddisfaceva tutti. La causa si concludeva, allora, con un comune accordo, senza bisogno di sentenza, e le parti, ridiventate amiche grazie ai buoni uffici del giudice, ritrovavano la loro umanità e ricostruivano rapporti di pace e di buon vicinato.

Fare il giudice con spirito di servizio significa, in sostanza, gestire la funzione giurisdizionale non in chiave di potere, ma in chiave di servizio. Significa vivere la propria indipendenza non come privilegio personale ma come garanzia per tutti i cittadini e come servizio ad essi. Significa non considerare il processo (civile o penale) come una pratica burocratica (sia pure di qualificato livello) da smaltire, come un numero fra gli altri numeri, bensì fare lo sforzo di rapportarsi all'uomo, di considerare l'imputato o la parte come una persona che ha una sua storia, i suoi problemi, le sue sofferenze: non per lasciarsene condizionare, ma per cogliere ogni aspetto della vicenda umana che sia utile alla formulazione di un giudizio giusto.

Ciò non comporta - almeno, nel processo civile - che il giudice debba *sempre* sentire personalmente l'interessato o gli interessati: comporta, invece, che ogni volta il giudice legga con molta attenzione gli atti processuali e si sforzi di cogliere tutti i risvolti umani del caso, tenendone conto - ove siano rilevanti - nella decisione e nell'attività processuale finalizzata alla decisione.

Mi colpì profondamente e mi rimase impressa la frase che, giovanissimo, sentii citare in un corso di orientamento professionale: l'oratore, che parlava del lavoro del giudice e di quello dell'avvocato, ricordò una espressione che, a suo dire, era scritta sul frontespizio di un antico codice veneziano: «Tra il caso e la lege sta l'omo». Quella espressione mi parve bellissima ed emblematica, e mi tornò spesso alla mente come un punto di riferimento essenziale. Non ebbi mai occasione di trovare il codice citato dall'oratore: ma quella frase ha sempre costituito per me una «stella polare» di fondamentale valore.

7
UN SETTORE PRIVILEGIATO
DI SERVIZIO ALL'UOMO:
LE CAUSE DI SEPARAZIONE TRA CONIUGI

Nel lavoro civile ho sempre prediletto le cause di separazione tra coniugi. Non perché trovassi particolare interesse a rovistare nei fallimenti delle coppie, ma perché le cause di separazione mi offrivano un campionario umano vastissimo, una gamma di situazioni molto variegata e, soprattutto, la possibilità concreta di incidere positivamente nel regime di vita della coppia.

Il mio intervento nella causa di separazione avveniva in veste di giudice istruttore, cioè dopo che il presidente del Tribunale aveva constatato la impossibilità di approdare a una conciliazione o a una separazione consensuale e aveva emanato i provvedimenti provvisori, autorizzando i coniugi a vivere separati e nominando il giudice istruttore per l'istruttoria della causa.

In quel momento la causa era ancora, in certo senso, vergine: non erano ancora stati sentiti testi (che sarebbe stato mio compito ammettere e interrogare); i rapporti fra le parti erano sostanzialmente immutati: non migliorati, ma nemmeno inaspriti (come invece sarebbero diventati quando l'audizione dei testi avrebbe rivangato tutto il passato della coppia). Era dunque il momento opportuno per ritentare una conciliazione: i coniugi avevano ormai fatto, da qualche mese, l'esperienza dura della separazione, e qualcosa di positivo poteva essere maturato. In ogni caso, non sarebbe stato tempo completamente perduto, perché mi avrebbe consentito di conoscere in modo esauriente la situazione dei coniugi.

Sentivo i coniugi separatamente, a lungo, a tu per tu. All'inizio erano tesissimi. Poi il colloquio si faceva, a grado a grado, più calmo e disteso. Dalle accuse, aspre o dolenti, verso l'altro coniuge si passava a un discorso di più ampio respiro, che si allargava ai problemi generali della convivenza coniugale. Più volte facevo avvicendare i coniugi, in modo che essi avessero la possibilità di pause di ripensamento e io avessi la possibilità di acquisire una visione panoramica e «bidimensionale» della situazione e dei singoli motivi di contrasto.

Davanti al giudice ciascuno dei coniugi parla volentieri di sé e dell'altro. L'imparzialità e l'autorevolezza del giudice stimolano a una certa confidenza. E nel parlare si scarica gradualmente la tensione. Dire le proprie ragioni al giudice, così, direttamente, senza neppure la mediazione dell'avvocato, è una esperienza che ha una funzione rasserenatrice, liberatrice: forse non è che un aspetto del generale bisogno di consegnare il proprio carico di amarezze a qualcuno che ascolti con attenzione (e saper ascoltare è una delle componenti essenziali del mestiere di giudice).

Quando la tensione psicologica si era scaricata e io mi ero fatto una visione sufficientemente chiara della situazione, era il momento di un colloquio con entrambi i coniugi insieme, cioè di un colloquio a tre: momento delicato, in cui ai coniugi si offriva la possibilità di riprendere, alla presenza e con la mediazione del giudice, un dialogo diretto, spesso da tempo interrotto. Tutto ciò comportava un lavoro lungo e lento, che spesso non poteva concludersi nel giro di una sola udienza, bensì richiedeva una pluralità di udienze. Avevo, così, modo di esplorare in ogni direzione le eventuali possibilità di ricostituire l'unità familiare, venendo a conoscere abbastanza a fondo le personalità degli interessati e cercando di individuare le ragioni profonde del dissenso, al fine di scoprire le possibili strade per superarlo.

Devo dire che in questo lavoro gli avvocati (che normalmente non prendevano parte ai colloqui) mi diedero quasi sempre una collaborazione efficace e preziosa, adoperandosi, nei limiti delle loro possibilità, a smorzare gli spiriti litigiosi dei rispettivi clienti e a favorire la riconciliazione dei coniugi.

Come ho detto, sia l'uno che l'altro coniuge acquistano normalmente una notevole fiducia nel giudice e gli parlano a cuore aperto, senza inibizioni. Cadono, così, le finzioni dettate dall'orgoglio, dal puntiglio, dal desiderio di non cedere per primo, e il giudice ha modo di cogliere i più veri sentimenti di ciascuno dei due: le speranze residue o la disperata chiusura all'altro. In questo clima di verità il giudice può diventare un intermediario davvero efficace: conoscendo il retroscena psicologico di ciascuno dei due, può - con discrezione e senza tradire la fiducia - farsi portatore verso l'uno delle autentiche esigenze dell'altro (pur rispettando, di quest'ultimo, l'eventuale ritrosia a rivelare al coniuge le proprie reali attese). La sua posizione *super partes* gli consente di vedere la situazione da un posto di osservazione ideale e di mediare con autorevolezza, aiutando l'uno e l'altro a sciogliere i nodi psicologici più gravi e ad approdare a un riavvicinamento.

Intendiamoci. Accade spessissimo che il riavvicinamento si riveli impossibile. Si urta allora, sovente, contro un muro di odio vero e proprio (o, quanto meno, di totale indifferenza) e si ha la sensazione di una radicale irrecuperabilità dei due alla vita coniugale. La vasta galleria di tipi umani e di situazioni coniugali offerta dalla narrativa contemporanea, così insistente sui temi del sesso e della coppia, si ritrova in questo ricco campionario umano: i tipi più diversi (taluni dei quali al limite della psicopatia), le situazioni più complesse e più anomale, le reazioni più impensate e imprevedibili.

Ma anche quando (come nella maggior parte dei casi) il contrasto non si supera e il riavvicinamento non avviene, resta pur sempre il fatto positivo di aver creato le premesse di un colloquio sereno, di aver fatto sperimentare uno stile di dialogo. Io ho sempre considerato un grandissimo successo riuscire a convincere i coniugi della assoluta necessità di non coinvolgere i figli nella loro contesa e della opportunità di arrivare a una separazione consensuale che regolasse di comune accordo e con un minimo di serenità i loro rapporti con i figli.

I figli sono, di solito, le principali vittime della discordia dei genitori, la cui separazione li segna con un trauma profondo, che ne pregiudica l'armonico ed equilibrato sviluppo personale. È noto che il bambino, il ragazzo, l'adolescente hanno estremo, essenziale bisogno della collaborazione di entrambi i genitori. L'esistenza, nella dinamica educativa, di entrambi i poli di influenza (maschile e femminile, paterno e materno) è un fattore determinante per l'equilibrio psichico, per la maturazione affettiva, per lo sviluppo completo della personalità.

La separazione produce inevitabilmente una lacerazione nel tessuto familiare. Cessando la convivenza dei genitori, il figlio deve essere affidato all'uno o all'altro: in entrambi i casi perde il contatto costante con uno dei genitori. Talvolta, per particolari situazioni, deve essere affidato ad altri parenti (nonni, zii): in tali casi perde il contatto diretto con entrambi i genitori, e raramente il nuovo ambiente parafamiliare è capace di compensare tale perdita. Non parliamo, poi, dell'istituto, che è sempre una *extrema ratio* a cui ricorrere solo in casi disperati.

È pressoché inevitabile che il minore respiri l'aria dell'ambiente in cui vive e, se è affidato alla madre o a parenti della madre, assuma progressivamente un atteggiamento di insofferenza o di antipatia o addirittura di ostilità verso il padre; e viceversa. Ciò avviene anche quando il genitore affidatario abbia cura di evitare che le sue reazioni emotive si ripercuotano sul figlio. A maggior ragione ciò avviene quando i genitori non abbiano scrupolo di fare del figlio lo strumento principale dei loro ripicchi, disputandoselo con accanimento e usandolo come un oggetto che si dà o si rifiuta per far dispetto all'altro, fino al punto di provocare l'intervento dell'ufficiale giudiziario per l'esecuzione forzata delle disposizioni relative alla prole. Questo intervento, per verità, è un estremo abbastanza raro, poiché il giudice, avvalendosi anche della collaborazione di assistenti sociali, fa tutto il possibile per evitarlo, cercando di convincere all'esecuzione pacifica del provvedimento il genitore recalcitrante.

In tali situazioni si creano talora nei ragazzi avversioni profonde verso l'uno o l'altro genitore. Più volte ho avuto occasione di parlare personalmente con figli di separati, al fine di aiutarli a superare quella avversione e di convincerli a non complicare ulteriormente, con il loro comportamento, i già tesi rapporti tra i genitori. Mi ha sempre impressionato lo stato di frustrazione di questi ragazzi. Spesso sono dei feriti, dei traumatizzati. Soffrono di una enorme carenza affettiva, di un pesante complesso di inferiorità verso i compagni più fortunati che vivono in famiglie unite.

Per questo ho sempre prediletto questo tipo di lavoro giudiziario.

Anche se esso non offre la gratificazione che proviene al giudice da questioni giuridiche interessanti, da studi approfonditi, dalla prospettiva di emettere una sentenza importante (di quelle che «fanno giurisprudenza»), mi ha sempre attratto l'intensa umanità delle cause di separazione personale. Ho avuto più volte la sensazione nettissima che certi discorsi che io, giudice, facevo ai coniugi sulla responsabilità e sulle esigenze psicologiche e morali della vita coniugale venissero sentiti dagli interessati per la prima volta: matrimoni realizzati senza nessuna preparazione, costruiti a livello istintivo, senza una progettazione di coppia, senza la minima consapevolezza delle esigenze di dialogo e di reciproco sforzo di comprensione che la vita di coppia comporta.

8
FARSI CAPIRE

Un aspetto dello spirito di servizio è, a mio avviso, lo sforzo di farsi capire dagli interessati, cioè dagli utenti della giustizia.

Il giudice spiega le ragioni della sua decisione, civile o penale, nella motivazione del provvedimento (sentenza o ordinanza o decreto che sia). La motivazione può essere più o meno lunga a seconda della complessità del procedimento ed ha spesso un carattere tecnico-giuridico perché deve affrontare e risolvere le questioni tecnico-giuridiche sollevate dalle parti e dai difensori. Generalmente è destinata ad essere letta dagli avvocati, i quali la spiegano al proprio cliente. Ma ho sempre fatto il possibile perché la mia motivazione fosse comprensibile anche alle parti, cioè ai destinatari della decisione e non soltanto agli «addetti ai lavori».

Certo, in un provvedimento giudiziale ci sono spesso aspetti che non possono essere elementarizzati e resi immediatamente cornprensibili al profano. Tuttavia fare quello sforzo mi è sempre parso importante, specialmente nelle sentenze penali (soprattutto là dove in esse si valuta la personalità dell'imputato e si determina la pena da infliggere), nei provvedimenti civili riguardanti i minori (dove una motivazione attenta alla sensibilità degli adulti che ruotano attorno al minore può evitare inasprimenti di rapporti e favorire la distensione) e nei provvedimenti che respingono istanze di revoca della custodia cautelare presentate da detenuti che chiedono di essere rimessi in libertà nel corso del processo penale (dove è importante evitare valutazioni drastiche che possano far pensare che il giudice, respingendo l'istanza, anticipi sostanzialmente una pronuncia di condanna). A volte basta un accenno, in motivazione, ai problemi degli interessati, una parola di attenzione e di considerazione, per disinnescare reazioni polemiche e per convincere alla accettazione di un provvedimento, anche se sfavorevole.

Nel motivare ho sempre cercato di far leva sul positivo delle persone e, specialmente nei provvedimenti relativi alla libertà personale di un imputato, ho sempre evitato di usare frasi sintetiche e stereotipate (come: «ritenuta la infondatezza dell'istanza», oppure «ritenuta la opportunità di respingere l'istanza», oppure «ritenuta la insussistenza dei requisiti richiesti dalla legge per la concessione del beneficio») ed ho cercato invece di analizzare dettagliatamente la situazione processuale del detenuto e di dar conto con precisione delle ragioni per cui l'istanza non veniva accolta. Il detenuto ha diritto di capire il perché di quella reiezione e attraverso quel «perché» personalizzato può verificare che la sua posizione è stata analizzata attentamente e può ricavare spunti per una riflessione costruttiva.

In relazione a una istanza in cui il detenuto faceva riferimento alla morte del padre avvenuta alcuni giorni prima, mi parve disumano non fare nessun accenno a tale circostanza nel provvedimento e ritenni opportuno formulare nella motivazione una frase che esprimesse condoglianza: del che mi giunsero echi grati e commossi, pur essendo il provvedimento sfavorevole al detenuto. La cosa potrà far sorridere e potrà apparire addirittura ingenua, ma a me sembra che il giudice non debba chiudersi in uno sdegnoso isolamento e in una indifferenza impermeabile a ogni vibrazione di umanità, e debba invece rapportarsi agli «utenti» della giustizia trattandoli come uomini e calandosi nella loro vicenda.

Anche se la funzione giudiziaria ha perduto molto del prestigio formale di cui godeva un tempo, la figura del giudice - pur scesa dal piedestallo e privata dell'aureola di sacralità attribuitale in passato - è rimasta una figura autorevole e significativa, le cui parole e i cui gesti hanno un peso e una risonanza particolari per le parti, sia nel processo civile che nel processo penale.

Superfluo precisare che quanto detto sul «farsi capire» acquista una pregnanza tutta particolare nei casi, oggi sempre più frequenti, in cui l'imputato sia uno straniero che non conosce bene la lingua italiana. In quei casi ho sempre sentito l'esigenza di non limitarmi a leggere il dispositivo della sentenza, ma di rivolgere all'interprete frasi specifiche (da tradurre all'imputato) che spiegassero brevemente ciò che era avvenuto e che informassero l'interessato dei diritti e delle facoltà che la legge italiana gli attribuiva (per esempio, il diritto di appellare entro un certo termine).

9
GIUSTIZIA E RAPIDITÀ

È di immediata evidenza che una componente essenziale della giustizia consiste nella prontezza di intervento e nella rapidità di definizione dei processi. Purtroppo, invece, la giustizia italiana è caratterizzata da una lentezza esasperante.

Certo, una giustizia attenta e meditata esige ponderazione; e la ponderazione esige tempo, perché comporta una approfondita valutazione delle ragioni e dei torti, uno scrupoloso esame delle prove, uno sforzo di far decantare impressioni, impulsi, spinte emotive e di far maturare una decisione che sia frutto di meditazione e di ragionamento.

Ma la ponderazione non esige tempi lunghissimi. Nei miei undici anni di esperienza pretorile ho sempre avuto una predilezione per i procedimenti civili in materia possessoria e in materia di urgenza ex art. 700 codice di procedura civile, perché essi mi consentivano di rendere giustizia rapidamente, attraverso procedure particolarmente agili, foggiate apposta per far fronte a situazioni di speciale urgenza mediante interventi giudiziali particolarmente solleciti e incisivi: convocazione delle parti a brevissima scadenza (e magari *ad horas*), discussione e scambi di memorie in termini brevissimi, decisione entro cinque giorni dalla «riserva» (cioè dall'udienza in cui il giudice si è riservato di decidere). Spesso la convocazione a breve scadenza e il diretto contatto con le parti (sia pure assistite dai rispettivi avvocati) consentivano di arrivare subito a un chiarimento di fondo che apriva la strada a una rapida transazione. In ogni caso, i tempi brevissimi della procedura mi consentivano di acquisire rapidamente tutti gli elementi utili a emanare una decisione che, seppur non definitiva, anticipava un provvedimento definitivo con efficacia immediata e induceva chi sapeva di aver torto a non insistere ulteriormente su una strada pericolosa, rivelatasi perdente.

Ma anche nelle cause civili normali il giudice ha strumenti per far camminare la causa con una certa sveltezza: non accogliere facilmente le istanze di rinvio che spesso gli avvocati concordemente formulano, trascinando per anni cause che potrebbero essere risolte in

33

alcuni mesi; oppure concedere un rinvio brevissimo, che costringa i difensori ad attivarsi; oppure invitare le parti a precisare le conclusioni definitive e fissare poi una udienza collegiale abbastanza vicina nel tempo. Di fronte alla intransigenza del giudice sui tempi brevi, una parte che sappia di aver torto e che abbia interesse a tirar per le lunghe resta spiazzata e capisce che non val la pena di resistere in causa. Ho conosciuto colleghi molto solleciti nel trattare le cause civili e nel mandarle a decisione: di fronte a quella sollecitudine, la causa si concludeva precipitosamente con la ritirata di una delle parti, poiché una volta accertato che la causa era destinata a concludersi nel giro di pochi mesi anziché nel giro di anni - la parte che aveva torto non aveva più interesse a coltivare ulteriormente la causa stessa.

Certo, ho conosciuto anche colleghi lenti, lentissimi: talora per pigrizia, talora per temperamento, talora per la natura dei mezzi usati. È naturale che un giudice che scrive tutto a mano impieghi più tempo e più fatica di un giudice che scrive a macchina o che lavora col computer. Io ho la fortuna di avere una buona dimestichezza con la macchina per scrivere, e ciò mi ha molto aiutato ad essere veloce; è ovvio che colleghi che scrivono con il computer siano molto più veloci, anche perché possono inserire nelle motivazioni, là dove affrontano questioni già affrontate e risolte in altre cause, blocchi argomentativi il cui utilizzo velocizza enormemente la stesura della motivazione stessa.

Ma, al di là dei tempi di stesura, che possono variare senza oltrepassare i limiti del fisiologico, è molto importante che il giudice rispetti con scrupolo i termini previsti dalla legge per il deposito dei provvedimenti. È piuttosto frequente che, specie in civile, quei termini non vengano rispettati. Su tal punto vige, negli uffici giudiziari, una certa tolleranza, che a me pare eccessiva. È vero che ci sono sentenze particolarmente complesse, per le quali la stesura della motivazione richiede tempi molto lunghi (ci sono sentenze che richiedono decine o centinaia di pagine di motivazione): *nulla quaestio* che in tali casi si tenga conto dell'enorme lavoro del giudice estensore e della conseguente necessità di tempi lunghi.

Tuttavia, non ho mai capito perché un giudice vada fuori termini per una normale sentenza. Ritardare la stesura della motivazione impone infatti una doppia fatica, perché se la sentenza non viene motivata in breve giro di tempo, quando la memoria è fresca e si hanno presenti tutti gli elementi di causa e tutti i profili della discussione in camera di consiglio, riprendere in mano la causa dopo settimane significa necessariamente rileggersi tutto, ricostruire *l'iter* logico della decisione: cosa molto faticosa anche quando il giudice abbia conservato, di tutto, una nutrita serie di appunti.

Dire: «Avevo altre sentenze precedenti da motivare» non significa addurre una giustificazione valida; non è concepibile che un giudice sia perennemente in ritardo sulle scadenze della propria agenda di lavoro; rompa il circolo vizioso, iniziando una buona volta (magari quando rientra dalle ferie senza arretrati di sentenze da motivare) a prendere il passo giusto del «deposito in termini» dei provvedimenti. Un passo che sarà «giusto» non soltanto per lui (togliendogli il disagio di vivere sempre fuori quadro) ma anche per i destinatari della giustizia (che vedranno congruamente ridotti i tempi di attesa delle sentenze).

Anche nel processo penale la celerità è importante. Più importante ancora, direi, perché qui c'è in gioco la libertà personale e comunque un più intenso coinvolgimento di interessi della persona e un più diretto coinvolgimento di interessi della collettività. Eppure, proprio in questo settore abbondano le lentezze e abbondano (pare incredibile) le manovre dilatorie da parte degli imputati e dei loro difensori. È paradossale: proprio gli imputati, che avrebbero il maggior interesse a una sollecita definizione del processo penale, spesso si adoperano strenuamente per ottenere rinvii e per dilazionare il più possibile l'emanazione di una sentenza definitiva.

Di ciò ho fatto quotidiana esperienza, sia come giudice di tribunale, sia come giudice di corte d'appello. Ogni pretesto è buono per chiedere un rinvio del processo penale: cavilli relativi ad asserite irregolarità di notifica, certificati medici relativi alla salute degli imputati, impedimento del difensore per impegni in altri processi, ecc. Direi che un terzo del loro tempo e delle loro energie i giudici penali devono spenderlo per riuscire a *fare* i processi, superando istanze di rinvio palesemente pretestuose. E così: dibattiti in udienza tra accusa e difesa sulla fondatezza o meno dell'eccezione procedurale e dell'istanza di rinvio, discussioni in camera di consiglio, lunghe motivazioni di ordinanze per rispondere puntualmente alle eccezioni procedurali, approfonditi esami di certificati medici per individuarne i punti deboli e per verificarne la veridicità attraverso visite di controllo, ecc. Un enorme dispendio di energie processuali.

Perché mai questa estrema diligenza nel cercare occasioni di rinvio da parte di imputati che, almeno in teoria, dovrebbero avere interesse a venire giudicati al più presto? La risposta è semplice: per l'imputato detenuto tirare in lungo vuol dire far scattare i termini massimi di custodia cautelare e quindi ricuperare automaticamente la libertà; in ogni caso, detenuto o no che sia l'imputato, conviene sempre tirare in lungo, perché c'è sempre l'eventualità che capiti una amnistia, che venga elargito un condono, che una legge venga cambiata, che maturi il termine di prescrizione (relativamente breve, specialmente per taluni tipi di reato) e quindi tutto si risolva in un nulla di fatto.

Sotto questo aspetto l'Italia è davvero un paese poco serio, in cui amnistie e condoni si sono sempre susseguiti con regolare periodicità e in cui chi delinque ha mille scappatoie per evitare la giusta condanna e, se condannato, per evitare di scontare realmente la pena inflittagli. Ne deriva una profonda frustrazione per il giudice, che spesso vede vanificato il suo lavoro o viene addirittura posto nella impossibilità di svolgerlo.

Quando un giudice penale è costretto a rinviare a nuovo ruolo un processo, è buona regola aver cura di rifissare il processo medesimo al più presto, proprio per evitare che il rinvio dia all'imputato vantaggi cospicui nella corsa contro il tempo. Che si arrivi al più presto a una sentenza (sia essa di assoluzione, sia essa di condanna) è interesse obiettivo della società. Il legislatore stesso ha avvertito questa esigenza, e nel nuovo codice di procedura penale ha previsto forme di processo particolarmente celeri: tra esse, quelle del patteggiamento e del giudizio abbreviato, che hanno incontrato un certo favore e hanno sveltito molti processi, anche se a prezzo di grossi benefici per gli imputati (benefici, a mio modesto avviso, eccessivi e fonte di ulteriore frustrazione per il giudice, costretto per legge a concedere facilitazioni esorbitanti ai condannati).

10
EPPURE: CRONICA LENTEZZA DELLA GIUSTIZIA ITALIANA. PERCHÉ?

Con tutto ciò, resta il fatto che la caratteristica generale della giustizia italiana viene, comunque, ravvisata nella esasperante lentezza. Perché?

Non è facile dare una risposta esauriente. Alla luce della mia limitata esperienza torinese, mi sono fatto una opinione che forse non è priva di validità generale.

C'è in Italia una enorme sproporzione tra la massa dei processi (civili e penali) e il numero dei giudici e dei loro ausiliari (cancellieri, segretari, ufficiali giudiziari, dattilografi, ecc.). Per esempio la Corte di appello di Torino ha 122 giudici, di fronte a una popolazione di 4.499.223 abitanti: un magistrato di appello per ogni 73.770 abitanti. Gli organici degli uffici giudiziari torinesi sono immutati da decenni, nonostante l'enorme crescita demografica verificatasi a Torino e nei comuni della cintura negli anni Sessanta e Settanta, con il conseguente incremento di processi civili e penali.

Dal 1987 al 1990 ho presieduto la 2ª Sezione penale della Corte di appello di Torino. Eravamo sette giudici (due presidenti e cinque consiglieri) e in un certo periodo il carico della Sezione raggiunse i 7000 processi penali (dunque: sette contro settemila). E se si tiene presente che tra quei settemila c'erano processi con 40, 70, 105 imputati (processi, quindi, tali da impegnare, da soli, tre giudici per intere settimane) e che ai settemila processi andavano ad aggiungersi tutti gli incidenti di esecuzione e tutti i provvedimenti richiesti dalle istanze più svariate (rimessione in libertà di detenuti, dissequestri, ammissione agli arresti domiciliari, revoca di arresti domiciliari, ecc.) si ha la misura del carico enorme di lavoro che gravava sui giudici. Avremmo dovuto essere almeno il triplo per far fronte in modo adeguato a quella massa di lavoro. La mia Sezione era una *équipe* di ottimi giudici preparati, affiatati, disponibili a un intenso impegno lavorativo. Ma ci sono limiti inesorabili di tempo e di energie che sono *in rerum natura*: anche lavorando alla domenica (e in quel periodo ho sempre lavorato anche alla domenica, studiando processi e motivando sentenze) si resta sempre al di sotto delle reali esigenze dell'ufficio, e l'arretrato si accumula. E non c'è nulla di più frustrante per un giudice penale che la consapevolezza di lavorare inutilmente: decidere processi i cui reati sono al limite della prescrizione e si prescriveranno inevitabilmente nel giudizio di cassazione; emanare condanne che verranno sicuramente vanificate da una imminente amnistia o da un condono che è in vista.

Nella situazione di dissesto che ho descritto, incredibile è stata, negli scorsi decenni, la sordità degli organi centrali ai disperati S.O.S. che i giudici di Torino inviavano ripetutamente a Roma, segnalando la progressiva, inevitabile paralisi della giustizia penale. E anche se negli ultimi tempi l'arretrato è diminuito (ma, ahimè!, grazie all'ultima amnistia, all'ultimo condono, ai frequenti patteggiamenti, ecc.), la situazione resta tuttora molto pesante.

Ho parlato della situazione di Torino, che conosco direttamente.

Ma analoghe considerazioni potrebbero farsi per molte altre città. Per esempio, è notizia recente che a Caltanissetta, oggi sede di importanti processi di mafia, alcuni processi non potranno essere celebrati per insufficiente numero di magistrati.

La giustizia civile, da parte sua, versa in analoga situazione, perché nel Tribunale di Torino ogni giudice civile ha un carico aggirantesi sulle 2000 cause e il calendario delle sue udienze è già zeppo per un arco di anni, onde una causa che si inizia oggi ha la prospettiva di venir decisa fra anni. Quando, poi, un giudice viene trasferito, il suo «lotto» di cause resta scoperto indefinitamente, poiché non vi è personale per sostituire immediatamente l'istruttore: pertanto i ritmi, già lunghi, delle cause si allungano ulteriormente per queste stasi supplementari.

È assurdo che quando viene disposto il trasferimento di un giudice, esso non venga coordinato con altri trasferimenti, in modo tale che non si crei una *vacatio* e non venga danneggiato il ritmo dei processi.

Ho accennato poco fa anche al personale ausiliario. Il potenziamento di esso è indispensabile. I processi non possono andare avanti se non ci sono sufficienti cancellieri che si occupino della formazione dei fascicoli, che preparino decreti di citazione e avvisi da notificare, che assistano il giudice nelle udienze, che provvedano agli incombenti relativi alla esecuzione dei provvedimenti; e se non ci sono sufficienti ufficiali giudiziari che procedano prontamente alle necessarie notifiche previste dalla legge.

Un'altra causa endemica di questa situazione è la cattiva distribuzione del personale tra i vari uffici giudiziari: a fronte della pesante situazione che ho ora descritto in ordine agli uffici giudiziari torinesi, vi sono, nel distretto, tribunali e preture che hanno scarso lavoro. La soppressione di tali uffici giudiziari consentirebbe il ricupero di parecchio personale da adibire agli uffici più gravati e provocherebbe, oltre tutto, un considerevole risparmio di spesa pubblica. Eppure ogni volta che si profila la soppressione di qualche ufficio giudiziario periferico si mobilitano campanilismi e clientelismi, e tutto si insabbia.

Ritengo, poi, che un elemento di disfunzione stia nel fatto che, spesso, i magistrati non hanno doti manageriali, mentre per dirigere un ufficio giudiziario (direzione che comporta non solo compiti giurisdizionali, ma altresì compiti organizzativi) occorrono qualità manageriali. Non dico che non ci siano magistrati dotati di quelle qualità. Dico soltanto che molti magistrati non possiedono quelle qualità e talora non hanno neppure la voglia di impegnarsi nelle «grane» organizzative. Ho detto poco fa che il presidente, nell'esercizio delle sue funzioni giurisdizionali, non è un capo gerarchico: aggiungo che non è portato a sentirsi tale neanche quando il suo ruolo gli impone funzioni amministrative riguardanti l'organizzazione degli uffici giudiziari. Donde scarso controllo sui ritmi di lavoro dei giudici, una certa timidezza nel richiamare e nello stimolare, una eccessiva indulgenza nel formulare valutazioni circa il rendimento dei magistrati e del personale di cancelleria, una frequente tendenza a delegare taluni compiti dirigenziali a cancellieri-capo particolarmente esperti di cose amministrative.

11
FASTI E NEFASTI DELLA GIUSTIZIA

Di fronte a questa realtà così scoraggiante, ritengo anacronistico che la giustizia italiana celebri ogni anno una giornata di fasto, quale è la solenne inaugurazione dell'anno giudiziario: tale inaugurazione è una cerimonia che ha luogo nella prima metà di gennaio presso la Corte di Cassazione e che si riproduce, nei giorni successivi, nelle sedi delle varie Corti di appello.

Assistere a quella cerimonia è uno spettacolo coreografico interessante e non privo di un suo fascino storico: toghe rosse e guanti bianchi dei consiglieri, ermellini dei presidenti, costumi antichi di ausiliari e di ufficiali giudiziari, la mazza dorata del potere giudiziario adagiata sul cuscino di velluto rosso, cortei solenni e discorsi paludati, schieramento di forze armate e di polizia...

Il tutto si svolge secondo un rituale antichissimo, codificato in regole e istruzioni dettagliate che vengono comunicate a ogni consigliere qualche tempo prima della cerimonia, con le indicazioni relative alla tenuta di gala, agli orari, ai movimenti, alle precedenze, ecc.

Io ho sempre provato profondo disagio di fronte a queste solenni e pompose manifestazioni: un disagio che scaturiva dal contrasto stridente tra quei fasti (conditi con formali ossequi e con presentat'arm da parte di picchetti delle forze armate) e la miserrima realtà quotidiana della giustizia, costretta a operare in un quadro di radicale insufficienza, di povertà di personale e di mezzi, di squallore ambientale. E ho sempre reagito a questo disagio sottraendomi, nei limiti del possibile, all'obbligo di partecipare alla cerimonia.

Quando, nel 1974, divenni consigliere della Corte di appello e mi giunse la prescrizione di partecipare alla cerimonia di inaugurazione dell'anno giudiziario 1975, inviai una lettera al Presidente della Corte, esponendo le ragioni del mio profondo disagio e formulando una vera e propria obiezione di coscienza.

«Una giustizia - scrivevo - che funziona a ritmo dimezzato, che ammucchia negli armadi migliaia di processi destinati ad attendere la decisione per anni, che è costretta a sempre più frequenti scarcerazioni per decorrenza dei termini, che è alle soglie di una paralisi pressoché totale, non ha il diritto di celebrare solennemente i propri fasti.

Mentre i consiglieri della Corte sfilano in toga rossa e guanti bianchi, le udienze penali di febbraio e marzo 1975 (ivi comprese quelle con detenuti) rischiano di "saltare" perché l'unica dattilografa che batte a macchina i decreti di citazione e gli avvisi per le udienze di quei mesi si è ammalata per qualche giorno e non è stata sostituita da nessuno.

In simili condizioni io ritengo che la cerimonia dell'8 gennaio possa essere fonte non di prestigio, ma di discredito per la giustizia: io la sento come uno schiaffo all'opinione pubblica, assetata di giustizia e non di parate, alle vittime degli innumerevoli reati i cui processi sono fermi nelle nostre cancellerie, alle forze dell'ordine che rischiano ogni giorno vite umane e che vedono i loro sforzi vanificati dalla nostra inefficienza.

È vero che le responsabilità di tale inefficienza sono molte e complesse, e in gran parte non sono addebitabili a noi magistrati: ma ciò non ci esime - a mio modesto avviso - dall'avvertire, di fronte all'opinione pubblica, un senso di profondo disagio per la insufficienza della nostra risposta alle attese di giustizia che salgono dalla società. E siccome avverto un divario enorme tra la celebrazione dell'8 gennaio e la realtà della giustizia, non mi sento di associarmi alla celebrazione. È una sorta di obiezione di coscienza. L'8 gennaio non parteciperò alla cerimonia, ma non farò vacanza: non potendo tenere udienza, come riterrei doveroso, lavorerò in Sezione, studiando i fascicoli di alcune istanze da riferire in camera di consiglio nei giorni successivi».

La mia obiezione venne rispettata e non vi fu insistenza ulteriore per la mia partecipazione. Nell'arco dei vent'anni successivi in cui io lavorai alla Corte, tenni ferma la mia obiezione di coscienza, e solo pochissime volte partecipai alla cerimonia, quando valide ragioni (come, ad esempio, la commemorazione del collega Bruno Caccia, assassinato dalla mafia) mi fecero ritenere opportuna tale partecipazione.

12
DIGNITÀ E SCIATTERIA
NELL'ADEMPIERE IL RUOLO DEL GIUDICE

Quanto ho detto ora non significa che io neghi l'esigenza di un minimo di solennità e di dignità nell'amministrazione della giustizia. Significa soltanto che ritengo inopportuni e controproducenti certi orpelli che stridono con la quotidiana povertà della giustizia. Ma resta indispensabile un esercizio della funzione giudiziaria che sia improntato a un minimo di rispetto delle forme e che non scada nella sciatteria.

È sciatteria non rispettare l'orario dell'udienza e cominciare in ritardo. È sciatteria condurre l'udienza con aria frettolosa e distratta, dando l'impressione di essere unicamente preoccupati di fare in fretta e di liberarsi del fastidio. È sciatteria comparire all'udienza con la toga sporca e strappata o portata indosso come uno straccio. È sciatteria invitare il teste a dire la verità e a pronunciare la formula di impegno (o di giuramento nel rito civile e nel vecchio rito penale) biascicandogli parole incomprensibili in modo che egli neanche si renda conto dell'importanza dell'atto che sta per compiere. È sciatteria ascoltare l'arringa dell'avvocato leggendo carte o addirittura sonnecchiando. È sciatteria leggere il dispositivo della sentenza con voce talmente bassa e precipitosa che nessuno, tranne l'avvocato, riesce a capire il contenuto della decisione. È sciatteria non farsi carico, in caso di condanna con la condizionale, di spiegare al condannato che egli non è stato assolto bensì condannato, e che la mancata esecuzione della pena dipende da un atto di fiducia del giudice, fiducia che il condannato stesso dovrà dimostrare, con la sua condotta, di aver davvero meritato.

Piero Calamadrei ha scritto, nel suo *Elogio dei giudici scritto da un avvocato,* pagine di delizioso umorismo su «certe servitù fisiche, comuni a tutti i mortali, alle quali neanche i magistrati possono sottrarsi», su quei giudici che dormono alle udienze munendosi di occhiali neri per mascherare il proprio sonno o sulla Corte di Cassazione che fu vista «dormire, rigettare, ridormire».[6]

Ritengo importante che il giudice faccia ogni sforzo per rispettare elementari esigenze di forma: sia perché la forma protegge la sostanza (se io mi sforzo di vincere la sonnolenza prendendo appunti mi troverò ad avere, al momento della discussione in camera di consiglio, preziose annotazioni che saranno di aiuto per la decisione e per la motivazione della sentenza), sia perché la forma è un elemento, sia pur complementare, di credibilità.

Ho accennato anche alla toga e non vorrei essere frainteso. La toga non è essenziale alla dignità della giustizia, e oggi il codice di procedura penale dà ampio spazio a giudizi in cui i magistrati non indossano la toga perché il procedimento si svolge in camera di consiglio. La dignità del giudice non è affidata a un abito: è affidata alla serietà, all'impegno, all'umanità di tratto con cui il giudice svolge la sua funzione. Ma quando la toga è prescritta, anch'essa è un coefficiente di dignità che non deve essere trascurato. Potrà essere anacronistica, fuori del tempo; ma anche quell'essere fuori del tempo ha un suo significato: richiama a valori che non passano e che da secoli costituiscono la più autentica divisa del giudice.

---

[6] P. CALAMANDREI, *Elogio dei giudici scritto da un avvocato*, Le Monnier, Firenze 1954, pag. 112.

13
DECIDERE È FARE DELLE SCELTE

Decidere un processo civile o penale è sempre fare una scelta tra possibili soluzioni diverse. È scegliere una soluzione tra le tante: la soluzione che, secondo me giudice, risponde con maggiore adeguatezza alle esigenze di giustizia promananti dal caso concreto.

E scegliere significa sempre assumersi una responsabilità, evitando la pigrizia del non decidere. Talora quella pigrizia può avere il sopravvento: di fronte a una istanza di rinvio presentata dagli avvocati, il giudice, pur rendendosi conto che l'istanza è inopportuna ed è dannosa per gli interessi della giustizia, può sentire forte la tentazione di accoglierla. Rinviare è un non-decidere, e può essere talvolta molto comodo rimandare al futuro (un futuro indeterminato, che può anche essere molto lontano) la fatica di affrontare una questione, di studiarla a fondo, di scegliere la soluzione, di assumersi la responsabilità della scelta e della sua motivazione.

Rinviare a lungo una causa civile che sarebbe già matura per la decisione significa allontanare la prospettiva di una fatica che spesso è notevole per la difficoltà delle questioni giuridiche che pone. Rinviare a nuovo ruolo un processo penale pesante, il cui dibattimento è preventivato per più giorni, accogliendo con facilità una istanza di rinvio approntata dalla difesa dell'imputato nella speranza di allontanare la prospettiva di una condanna, significa azzerare di colpo alcuni giorni di duro lavoro e vedere alleggerito il carico delle udienze in quel mese. Sono tentazioni reali, molto forti, che il giudice serio, consapevole del suo dovere di tutelare gli interessi della società attraverso l'amministrazione di una giustizia rapida ed efficace, deve saper superare con determinazione ferma e cortese. Ho detto «cortese» perché il giudice, pur sospettando che l'istanza di rinvio sia ispirata da intenti meramente dilatori, deve astenersi dal «far processi alle intenzioni» e deve valutare la consistenza o meno dell'istanza, provvedendo su di essa con assoluta serenità, senza esprimere giudizi di natura deontologica che potrebbero suonare irrispettosi e offensivi per il difensore e che potrebbero inquinare i rapporti tra giudice e difesa.

Decidere richiede dunque assunzione di responsabilità e coraggio di scelgiere. Talvolta la mancanza di coraggio si esprime anche in accorgimenti poco edificanti con i quali il giudice cerca comunque di dilazionare la decisione: per esempio, può essere un mezzuccio dilatorio rimettere in istruttoria una causa civile senza reale necessità, ammettendo testi che non sono in realtà necessari o disponendo un interrogatorio non formale che si preannuncia già in partenza assolutamente improduttivo ai fini della decisione del merito; la scappatoia serve a guadagnare qualche mese o qualche anno, evitando di emettere subito una decisione nel merito che esigerebbe un grosso impegno di studio, di discussione e di motivazione, impegno che il giudice preferisce rimandare a tempi migliori (magari nel frattempo egli verrà trasferito, o le parti si stancheranno di coltivare la causa, e in tal modo la fatica verrà risparmiata).

Coraggio vuol dire anche decidere con lo scrupolo esclusivo di applicare la legge secondo coscienza, senza preoccuparsi delle interpretazioni che la decisione potrà provocare o delle reazioni che potrà innescare. Al giudice non deve interessare se la sua decisione potrà essere qualificata come conformista o anticonformista, come di destra o di sinistra, come popolare o impopolare. Il coraggio può anche richiedere che il giudice decida in senso contrario a quanto si attenderebbe l'opinione pubblica: il giudice - l'ho già detto - deve essere indipendente anche dalle pressioni dell'opinione pubblica, dagli schieramenti tra innocentisti e colpevolisti, dalla diffusa emotività che spesso coinvolge ampie fasce di popolazione.

Certo, il coraggio delle scelte deve essere accompagnato da prudenza ed equilibrio. Il giudice deve stare attento a non scambiare per «coscienza» la propria personale emotività; deve ponderare e meditare attentamente tutti i risvolti giuridici e fattuali del caso concreto; deve vagliare con scrupolo tutte le ragioni delle parti in causa, evitando di sacrificare alla rapidità l'esigenza di sentire compiutamente le ragioni di tutte le parti interessate.

Nelle cause civili è particolarmente importante sentire «tutte le campane». La precipitosità, sia pure motivata dall'urgenza, è sempre pericolosa. Ad esempio, nei rari casi in cui, come pretore in cause possessorie o in procedimenti ex art. 700 codice di procedura civile, mi parve che ricorressero gli estremi per provvedere in via d'urgenza con un decreto *inaudita altera parte*[7] in ordine a un ricorso, mi accadde frequentemente di dover revocare o modificare il decreto stesso dopo aver sentito le ragioni della parte contro cui il ricorso era stato proposto: la situazione, così come prospettata dalla parte ricorrente, era monca e non obiettiva, e il mio intervento in via d'urgenza aveva risentito di quella manchevolezza. Avevo fatto, senza dubbio, uso di un potere attribuitomi dalla legge; ma non avevo nessuna difficoltà a «rimangiarmi» il provvedimento, riconoscendo obiettivamente di aver fatto una scelta che non rispondeva (o non rispondeva pienamente) alle esigenze di giustizia poste dal caso concreto.

E qui emerge anche un aspetto su cui tornerò più avanti: la disponibilità del giudice a rimettersi continuamente in questione, ad avere il senso dei propri limiti, a rivedere il proprio punto di vista di fronte all'emergere di nuove risultanze processuali.

---

[7] Cioè senza sentire previamente le ragioni della parte avversaria, che viene convocata per una udienza successiva alla emanazione del provvedimento d'urgenza e viene, in quella udienza, sentita affinché il giudice possa confermare o revocare o modificare il provvedimento stesso.

14
ESSERE E APPARIRE

Tra l'essere e l'apparire la preferenza va data, senza dubbio, all'essere. È questione di verità, di autenticità, di lealtà. Chi cerca di apparire diverso da quello che è, inganna gli altri, non è autentico, bara.

Ciò vale anche per il giudice. Ma c'è un aspetto in ordine al quale, per il giudice, l'*apparire* acquista, accanto all'*essere,* una rilevanza etica molto importante. È l'aspetto che riguarda l'indipendenza, l'imparzialità, la «terzietà».

Il giudice deve *essere* indipendente. Non solo: deve anche *apparire* tale. Un giudice realmente indipendente che si comporti in modo da non apparire tale (cioè in modo da smentire in pratica, agli occhi della gente, l'indipendenza che egli ha) vanifica gran parte della positività della sua effettiva indipendenza.

Mi spiego. Il giudice che in una udienza manifesta troppa familiarità con l'avvocato di una delle parti in causa provoca nella controparte una impressione negativa, poiché la controparte sospetterà che quell'amicizia influisca sulle decisioni del giudice: e se, per avventura, le decisioni saranno sfavorevoli alla controparte stessa, nessuno potrà togliere di mente a quest'ultima che il giudice non è stato indipendente, imparziale, obiettivo. In tal modo una reale, effettiva indipendenza verrà, nell'opinione di una parte, frustrata dal comportamento imprudente del giudice. Analogamente, un giudice che sia militante in un partito politico potrà veder pregiudicata la propria immagine di giudice imparziale proprio dal fatto di essere, nella sua attività extraprofessionale, uomo di parte: e ciò anche se egli, nella sua attività professionale, operi in modo perfettamente imparziale e indipendente, prescindendo del tutto da interessi di partito e non lasciandosi in alcun modo influenzare dalle proprie opinioni politiche.

Dunque, è importante *non solo* essere, *ma anche* apparire. Questo significa molte cose. Significa non sbilanciarsi nel corso di un processo (civile o penale) evitando di dare la sensazione di avere già un orientamento preciso in ordine alla decisione, prima ancora che il processo sia stato adeguatamente discusso. Significa evitare qualunque moto di simpatia o di antipatia o qualunque gesto di preferenza che possa dare l'impressione che il giudice penda a favore di una parte piuttosto che dell'altra o che, in un processo penale, abbia già, in cuor suo, optato per l'assoluzione o per la condanna. Significa astenersi con cura da gesti di insofferenza verso le argomentazioni di un avvocato: gesti che potrebbero dare all'imputato di un processo penale o alla parte di un processo civile la sensazione che il giudice si lasci influenzare da fattori estranei alle risultanze processuali, cioè dalla gradevolezza o dalla fastidiosità del comportamento dei difensori. Il discorso riguarda, in tal modo, anche atteggiamenti di importanza apparentemente minima, ma non privi di significato.

Esemplifico. Quando ero pretore o giudice istruttore civile in tribunale mi accadeva spesso di fare dei sopralluoghi nel corso dei quali si verbalizzava la descrizione dello stato di fatto e si sentivano sul posto le parti e i testimoni. Tra le parti, sovente confinanti tra loro e in lite per qualche questione di confini o di passaggi o di immissioni, era una gara a dire: «Signor giudice, venga nel mio alloggio a scrivere: c'è un tavolo comodo preparato per Lei»; «Signor giudice, venga da me: ho pronto il caffè per Lei, per il cancelliere e per gli avvocati». Era chiaro che se avessi accettato l'invito di una parte piuttosto che quello dell'altra, la parte non gratificata dalla mia presenza si sarebbe sentita mortificata per la ingiustificata preferenza data all'avversario. E allora avevo sempre cura di far portare un tavolo su terreno neutro, senza entrare né in casa dell'uno né in casa dell'altro, oppure di trovare un pretesto qualsiasi perché una parte della verbalizzazione avvenisse a casa dell'uno e un'altra parte avvenisse a casa dell'altro. Era una banalità: ma la equidistanza del giudice (una equidistanza espressa anche sul piano spaziale) creava un clima di fiducia e di cordialità che non soltanto evitava impressioni negative, ma talvolta concorreva a sgelare i rapporti e ad avviare serie trattative per giungere a un accordo transattivo, cioè a una soluzione pacifica e amichevole della vertenza.

Il discorso sull'«essere e apparire» approda infine, spontaneamente, al tema della riservatezza. A me pare che nel giudice la riservatezza sia una qualità importante. Essa significa autocontrollo delle proprie reazioni, estrema vigilanza nel rispettare il segreto d'ufficio (e, in particolare, quello della camera di consiglio), attenzione a non essere mai «uomo di parte» o a non dare l'impressione di esserlo, riserbo e senso della misura nei rapporti sociali, riluttanza a scendere in polemica con chicchessia, cautela nel parlare con giornalisti e nel concedere interviste, specialmente su argomenti che riguardano procedimenti di cui il giudice sia investito per ragione del suo ufficio.

Ciò non significa che il magistrato debba essere un uomo isolato e solitario, chiuso in se stesso e tagliato fuori dal mondo dei rapporti sociali e culturali. No. Il magistrato frequenterà associazioni e clubs; parteciperà a iniziative culturali, sportive, ricreative; potrà fare conferenze e scrivere libri di varia natura o redigere commenti e note sulle riviste giuridiche e sugli organi di stampa; avrà il suo giro di amici e di compagnie, anche fra gli avvocati: ma tutto ciò dovrà essere gestito con una vigile attenzione ai doveri che fanno capo al magistrato e che lo pongono in una posizione singolare, nella quale il suo ruolo pubblico e la sua credibilità di organo *super partes* vivono anche dei riflessi della sua esistenza privata, cioè del suo stile personale di vita.

15
SENSO DEI PROPRI LIMITI

Credo che una qualità essenziale del giudice sia il senso dei propri limiti. D'altronde, si tratta di un atteggiamento mentale che nel giudice vien naturalissimo: le enormi difficoltà nel cercare e trovare la verità, le infinite questioni giuridiche che un caso civile o penale può sollevare e la opinabilità delle loro soluzioni, la intrinseca relatività della giustizia umana (relatività di cui il giudice fa quotidiana esperienza) sono, già di per sé, indici fortissimi del limite strutturale a cui va soggetto il giudice.

Il giudice non fa fatica, quindi, ad avere il senso dei propri limiti: basta che ascolti se stesso, colga il senso della propria fallibilità, percepisca il rischio, realissimo, di sbagliare, si renda conto che un altro giudice (e magari il giudice di appello) potrebbe pensarla diversamente. Questo senso dei propri limiti porta il giudice a mettersi in questione, ad essere obiettivo, a riconoscere la fondatezza di giuste critiche che le parti rivolgano ad un suo decreto o ad una sua ordinanza a non sentirsi diminuito nel revocare o modificare un suo provvedimento, ad accettare con serenità, pur senza rinunciare agli eventuali rimedi previsti dalla legge, che il giudice di appello riformi un suo provvedimento o che la Corte di Cassazione disponga la rimessione del processo ad altro giudice.

Eppure ci sono dei giudici (pochi, per la verità, stando a quel che mi risulta dall'esperienza personale) che sembrano ritenersi infallibili: giudici «padreterni», che non si rassegnano a che un collega sia di opinione diversa dalla loro e che vivono come un affronto personale la riforma in appello di un loro provvedimento.

Il senso dei propri limiti può essere espresso anche con un'altra parola, oggi non di moda, e anzi desueta: umiltà. Una parola che, a prima vista, può evocare l'impressione di falsa modestia o di ipocrisia, ma che di ipocrisia non ha assolutamente nulla, perché l'ipocrisia è non-verità (ad esempio, dire «non valgo niente», quando sono convinto di valere molto), mentre invece l'umiltà è verità (significa dire: «so quel che valgo, ma conosco i miei limiti»).

Come è noto, «umiltà» deriva dal latino *humus,* che significa «terra». Sta dunque a indicare l'atteggiamento realistico di chi sa riconoscere che il proprio valore ha dei limiti strutturali e che ciascuno di noi è «terra-terra», pur avendo le sue doti originali e indiscutibili. Un atteggiamento mentale che, nel suo concreto realismo, esprime una profonda, salutare saggezza: quella saggezza che è una componente essenziale del lavoro del giudice e che comporta anche un pizzico di autoironia, cioè il saper sorridere delle proprie vanità e delle proprie tentazioni di onnipotenza. E saperle ridimensionare.

Un aspetto di questo «senso dei propri limiti» sta, a mio avviso, nel rigoroso rispetto della separazione dei poteri dello Stato. Il buon funzionamento di uno Stato di diritto è legato all'attuazione di questa grande conquista di civiltà.

È molto importante che chi fa le leggi (potere legislativo) sia un soggetto diverso da chi governa (potere esecutivo); e che chi applica le leggi e giudica le infrazioni ad esse (potere giudiziario) sia un soggetto diverso da chi legifera e da chi governa.

La separazione è, in un certo senso, l'altra faccia della indipendenza: il giudice deve essere libero e indipendente da interferenze di altri poteri, ma al tempo stesso deve astenersi dall'interferire con gli altri poteri dello Stato e deve rispettarne l'indipendenza.

Ciò non esclude che il giudice possa legittimamente esercitare - nell'ambito delle proprie competenze - una «supplenza» nei confronti di altri poteri dello Stato che non adempiano alle loro funzioni. Si pensi, ad esempio, all'attività di supplenza che la magistratura svolse sovente, in questi ultimi decenni, in materia di tutela dell'ambiente, di sicurezza dei luoghi di lavoro, di abusivismo edilizio, ecc. Alla assenza di leggi moderne e adeguate la magistratura sopperì interpretando in chiave evolutiva, nello spirito delle norme costituzionali, leggi vecchie e inadeguate; alla inerzia della pubblica amministrazione in tanti campi, la magistratura sopperì, nei limiti del possibile, attraverso una particolare attenzione ai singoli settori e attraverso una intensificazione degli interventi penali.

16
UN LAVORO SEMPRE NUOVO

Il lavoro del giudice è un lavoro sempre nuovo perché ogni processo (civile o penale) ha una sua fisionomia, diversa da quella degli altri processi. Le questioni di diritto potranno spesso ripresentarsi uguali: ma, sul piano del fatto, tutto ciò che riguarda l'acquisizione delle prove e la valutazione di esse presenta sempre connotazioni di novità, profili inediti.

Soprattutto, ciò che rende inedito ogni processo è il risvolto umano che esso presenta: protagonista di ogni vicenda civile o penale è sempre la persona umana (a parte il caso di cause civili che abbiano come parti delle società commerciali o degli enti pubblici); e ogni persona umana è diversa da un'altra, ha alle spalle una storia personalissima, presenta connotazioni psicologiche diverse da quelle di ogni altra, connotazioni che la rendono unica e irripetibile.

Anche dal punto di vista tecnico-giuridico i processi divergono profondamente tra loro. Cause civili e processi penali costringono spesso il giudice a occuparsi dei più svariati problemi tecnici per trarne conseguenze giuridiche: dal crollo di un ponte all'incendio di una casa; dall'accertamento di una perdita d'acqua che ha prodotto danno a terzi all'accertamento circa la correttezza tecnica con cui sia stata eseguita un'operazione chirurgica di esito infausto; dai complicati meccanismi amministrativi di un peculato o di una truffa o di una concussione ai movimenti bancari attraverso i quali emergano gravi fatti di corruzione; e così via. Nella mia lunga attività giudiziaria ebbi occasione di studiare e decidere casi relativi alle caratteristiche di un'arma da fuoco e a quelle di un gelato brevettato; casi relativi al grado di durezza di una roccìa da sbancare; casi in cui si discuteva di critica storica o di critica musicale e casi in cui si discuteva di diritti d'autore... Un campionario di vastità illimitata.

Certo, in questa attività il giudice si avvale solitamente della collaborazione di consulenti tecnici e di periti, i quali apportano la loro competenza di esperti e danno quindi al giudice un ausilio utilissimo. Ma il giudice è pur sempre *peritus peritorum:* cioè, in base alle cognizioni acquisite nel corso del processo, ha pur sempre il potere di far a meno di una perizia o di disattendere (beninteso, motivatamente) le opinioni di un determinato perito e di decidere senza essere vincolato dalle conclusioni del medesimo.

Ciò comporta, indubbiamente, un impegno assai gravoso di studio e di motivazione e abitua a una elasticità mentale che consente di occuparsi, con una certa versatilità, di materie svariatissime. È questo un aspetto molto interessante della inesauribile varietà che caratterizza il lavoro del giudice.

Tale varietà non esclude che, specialmente nel civile, ci possano essere cause del tutto uguali e quindi sacche di ripetitività: ma si tratta di un fenomeno assai limitato, che non intacca sostanzialmente la perenne «novità» del lavoro giudiziario.

17
IN TEMA DI
«POLITICIZZAZIONE» DEI GIUDICI

Si è parlato spesso, in questi decenni, di «politicizzazione» dei giudici, e l'opinione pubblica ha manifestato disagio e disorientamento.

Penso che in materia occorra fare precisazioni accurate, perché spesso si parla di questo argomento senza avere idee chiare.

Quando, nel 1950, io entrai in magistratura, questa era un corpo assai chiuso. Vi si accedeva, come oggi, mediante concorsi per esami: ma ogni giovane che faceva domanda per partecipare al concorso veniva minuziosamente vagliato; se aveva simpatie comuniste od orientamenti socialisti non veniva ammesso al concorso.

Si può dire che in un simile stato di cose non ci fosse politicizzazione? No: c'era una «politicizzazione alla rovescia» la quale faceva sì che la magistratura fosse una sorta di casta chiusa, prevalentemente conservatrice e, per di più, con scarsa sensibilità costituzionale.

In tale situazione avvenne che nel 1954 si svolse davanti a me, pretore di Torino, una causa possessoria tra una Sezione torinese del Partito Comunista Italiano e l'Amministrazione delle Finanze dello Stato. Si trattava dei cosiddetti sfratti politici, coi quali il Ministero pretendeva di sfrattare *manu militari* partiti e organizzazioni varie che esso stesso aveva immesso nella detenzione di beni immobili appartenuti alla ex GIL (Gioventù Italiana del Littorio) e per i quali percepiva un corrispettivo che qualificava come canone; una Sezione torinese del P.C.I., sfrattata con quelle modalità (cioè con il diretto intervento della polizia, anziché con una sentenza della magistratura che accertasse il diritto o meno del Ministero), aveva proposto azione possessoria davanti al pretore per far accertare la illegalità dello «spoglio» e per ottenere la immediata reintegrazione nella detenzione del bene immobile. Io ritenni che il P.C.I. avesse ragione e pertanto accolsi la sua domanda, ordinando al Ministero la immediata reintegrazione.[8]

La questione giuridica era senza dubbio complessa e dava luogo a dibattiti giuridici. Ma il mio provvedimento, che pur trovò l'adesione di parecchi giuristi,[9] sollevò un vero e proprio scandalo, che andò ben al di là di un dibattito giuridico. La decisione venne, in taluni ambienti politici, considerata inaudita e suscitò accese polemiche sui giornali, specialmente su quelli di partito; in Parlamento piovvero interrogazioni in proposito, e da molti venni guardato come un giudice anomalo. Per me era cosa naturale e ovvia che un giudice desse ragione a quella parte la cui domanda egli riteneva fondata. Eppure la «politicizzazione alla rovescia» avrebbe preteso che il giudice non obbedisse alla propria coscienza, bensì alle logiche politiche allora dominanti; e guardò a quel pretore come a un irresponsabile che sconvolgeva equilibri politici indiscutibili, nel cui quadro i comunisti non potevano che avere torto.

Ora, quando «far politica» significa operare per l'attuazione dei principi costituzionali e tutelare i diritti del cittadino, a costo di far saltare prassi politiche consolidate, ben venga la politica anche per il giudice, perché in tal caso «politica» significa attuazione della Costituzione. Il giudice non può e non deve essere «neutrale» di fronte ai valori costituzionali (tra i quali c'è l'eguaglianza dei cittadini di fronte alla legge): deve farli propri con impegno e convinzione. Questa deve essere la sua «politica». Quando invece far politica significa perseguire gli interessi di un partito, affrontare le questioni in un'ottica partitica, indulgere al sistema delle lottizzazioni, favorire una determinata parte politica nelle sentenze, chiudere gli occhi e restare inerti di fronte a illegalità commesse in nome di interessi politici, il giudice deve essere rigorosamente estraneo alla politica: questo è il senso della sua apoliticità. E proprio alla stregua di tale apoliticità mi accadde, in altre vertenze in cui era parte il Partito Comunista o qualche ente ad esso collegato, di non condividere le tesi di quella parte e di respingerne la domanda, ritenendola infondata.

---

[8] Pretura Torino 5 ottobre 1954, Sezione XV Federazione Torinese Partito Comunista Italiano contro Intendenza di Finanza di Torino, in *Giurisprudenza italiana*, 1955, I, 2, col. 412 e in *Foro padano*, 1955, I, col. 675.

[9] Vedansi, ad esempio, A. Montel, in *Giurisprudenza italiana*, cit., col. 413 ss; D.R.Peretti-Griva in *Foro padano*, cit., col. 675 ss; N. Bernardini, ivi, col. 679 ss.

Negli anni Sessanta la situazione della magistratura cambiò sensibilmente, poiché il primo governo di centro-sinistra mutò orientamento sui criteri di ammissione dei candidati al concorso in magistratura e si astenne dall'attribuire rilevanza agli orientamenti politici dei candidati stessi. Fu un grande passo avanti, e i concorsi cominciarono a sfornare anche magistrati provenienti dall'area della sinistra. Ciò portò conseguenze notevoli.

Nella magistratura cominciò a circolare un'aria nuova, più sensibile alla realtà sociale, più attenta ai rapporti tra leggi ordinarie e norme costituzionali; la dialettica interna si vivacizzò e tutti i magistrati furono indotti a mettersi in questione, a rivedere le loro posizioni, a ripensare il loro modo di fare giustizia, a sensibilizzarsi su molti problemi che prima venivano ignorati in nome di una malintesa apoliticità.

Tale dialettica portò anche al formarsi, all'interno della magistratura, delle cosiddette correnti, che cominciarono a scimmiottare i partiti e la logica dei partiti, riproponendo all'interno della magistratura gli schieramenti, i «fronti» e gli scontri aprioristici che caratterizzavano il mondo politico (il «far quadrato» ad ogni costo intorno ai propri uomini e alle proprie tesi) e che inquinarono la vita interna della magistratura e i dibattiti in seno al C.S.M.

Aspetti positivi e aspetti negativi, dunque; ma se dovessi fare un bilancio di massima tra il positivo e il negativo, direi che vi fu una prevalenza del positivo.

Io non mi iscrissi mai a nessuna corrente, proprio perché non condividevo la logica delle correnti. Non ebbi mai simpatie per il marxismo e quando ci furono elezioni all'interno della magistratura mi orientai verso posizioni «moderate»: ma devo riconoscere che la corrente più a sinistra diede una forte spinta alla sensibilizzazione costituzionale e seppe, con molta acutezza, aprire dibattiti su vari problemi inerenti alla funzione giurisdizionale; anche se occorre obiettivamente riconoscere che talune conseguenze dell'analisi marxista condotta dalle frange più estremiste vennero poi utilizzate dal terrorismo di sinistra per gettare sprezzantemente in faccia a tutti i giudici l'ingiusto e rozzo slogan di «servitori dei padroni».

Devo dire che, nella mia esperienza giudiziaria, la pluralità di correnti non ha inciso nella sostanza del lavoro del giudice. Ho lavorato per anni con colleghi di orientamenti politici diversi dai miei e ci siamo sempre trovati in sostanziale sintonia sulle scelte di giustizia da operare nei singoli casi concreti. Certo, ci sono state opinioni diverse nell'interpretare una legge o nel valutare una prova; ma quella diversità, anche se poteva avere le sue radici nello specifico bagaglio culturale di ciascuno, si è sempre mantenuta nell'ambito fisiologico della normale dialettica della camera di consiglio, della normale disparità di vedute che costituisce l'anima della dottrina giuridica e della giurisprudenza.

Pur avendo ciascuno alle spalle una *Weltanschauung* diversa, abbiamo fatto molto cammino insieme, avendo come denominatore comune la ricerca della giustizia e lo scrupolo della imparzialità.

Oggi, poi, alla luce di quanto è accaduto e accade nei processi penali relativi alla cosiddetta «Tangentopoli», credo che il discorso che ho fatto sulla «apoliticità» dei giudici risulti particolarmente chiaro ed evidente: i giudici non guardano in faccia a nessuno; hanno proceduto e procedono con ferma e imparziale determinazione contro ogni indiziato, qualunque sia il partito a cui egli appartiene. Ogni giudice avrà, certo, le sue idee politiche: ma esse non condizionano il suo lavoro giudiziario, non inducono a favorire una parte politica.

Il terremoto giudiziario che ha causato il crollo del vecchio sistema partitico ha investito indistintamente tutti i settori dello schieramento politico in cui venissero ad emergere ipotesi di reato. E con la stessa imparzialità l'apparato giudiziario si è mosso e si muove nei confronti delle nuove formazioni politiche oggi esistenti. Tutti i partiti, come tutte le persone, sono uguali di fronte alla legge.

Questa è apoliticità nel senso più rigoroso del termine.

Ma, per contro, nessuno potrebbe negare che i giudici, perseguendo il marcio dovunque sia, abbiano rivoluzionato il sistema politico, cioè abbiano fatto politica non in senso partitico ma nel senso più alto e vero del termine: quel senso che deriva direttamente dal greco *polis* (=città) e che sta a indicare l'attività di chi promuove e persegue il bene comune (il bene della città, cioè della intera

comunità civile) nel pieno rispetto delle leggi che la comunità stessa
si è data.

18
SCIOPERO DEI MAGISTRATI
E SOSPENSIONE DELLE UDIENZE

L'argomento della politicizzazione porta con naturalezza a riflettere sul tema dello sciopero dei magistrati: sciopero che anni fa era inconcepibile e che in seguito si è andato affermando, dapprima timidamente, poi sempre più vigorosamente.

Lo sciopero è un diritto di tutti i lavoratori; il magistrato è un lavoratore che percepisce una retribuzione dal proprio datore di lavoro (lo Stato); dunque - se ne conclude - il magistrato ha diritto di scioperare. Chi contesta la validità di questo semplicistico sillogismo sostiene che il magistrato esercita una funzione essenziale alla vita stessa dello Stato e che pertanto non è concettualmente ipotizzabile uno sciopero dei magistrati, la cui attuazione fermerebbe la vita stessa dello Stato.

Io sono di quest'ultima opinione, e non ho mai fatto sciopero. Mi sarebbe parso di tradire un mio dovere fondamentale che andava ben al di là del mio rapporto di lavoro. Io, magistrato, non sono soltanto un lavoratore dello Stato: sono anche e soprattutto un potere dello Stato, e cioè *lo Stato*. Il cittadino ha diritto che io eserciti le mie funzioni senza interruzioni dipendenti dal mio arbitrio. Nel momento in cui io, diventando magistrato, accetto di impersonare lo Stato in una sua funzione vitale, io mi impegno a non venir meno al dovere fondamentale di far vivere lo Stato, di non privare i cittadini delle strutture essenziali a cui il loro «patto sociale» ha dato vita, di non tradirli nelle loro attese, riguardanti un servizio essenziale che tocca direttamente la loro vita e i loro diritti (il servizio giustizia).

Dunque, non ho mai fatto sciopero. Anche in questo la mia coscienza deve essere sovrana e nessuno mi può imporre di scioperare. E, per la verità, i colleghi che scioperavano hanno sempre rispettato la mia coscienza.

Ho una ripugnanza invincibile ad azzerare un'udienza (civile o penale) per motivi di sciopero; a rimandare a casa parti, imputati, testi che sono venuti convocati da me e che da me verrebbero traditi e frustrati (gente che perderebbe inutilmente ore di lavoro e che dovrebbe tornare un'altra volta); a rinviare decisioni che oggi avrei dovuto prendere e dalle quali sarebbero derivate conseguenze importanti nella vita degli interessati; ad aggiungere al già cronico disservizio della giustizia ulteriori motivi di disservizio e di disagio. Non posso anteporre i miei interessi personali o quelli della mia categoria (per quanto giusti e nobili possano essere) agli interessi degli utenti della giustizia. È vero che qualche imputato sarebbe felicissimo di avere un insperato rinvio dell'udienza penale; ma in tal caso tradirei la società, la quale non è un ente astratto, bensì si identifica con tutti i cittadini (e, fra essi, le vittime del reato) ed esige una giustizia penale rapida, che punisca il colpevole e assolva l'innocente, che assicuri alla giusta pena chi ha violato la legge penale.

Una variante dello sciopero è la cosiddetta astensione dall'udienza o sospensione dell'udienza: terminologia che costituisce un pudico giro di parole per non usare la traumatica espressione «sciopero».

Molto spesso questo edulcorato espediente è stato usato per protestare contro orientamenti del potere politico, per evidenziare situazioni di disservizio particolarmente disastrose, per esprimere solidarietà a colleghi vittime del terrorismo di destra, di sinistra o di stampo mafioso.

Non ho mai condiviso queste forme di manifestazione, neppure quando esse nascevano da un giustissimo impulso di solidarietà verso il sacrificio di colleghi barbaramente uccisi a causa dell'adempimento del loro dovere.

Quando, ad esempio, nel 1979 venne indetta una manifestazione di quel genere in conseguenza dell'uccisione del collega Alessandrini, io non vi aderii e tenni udienza penale, così come fecero altri colleghi. La Giunta sezionale della Associazione Nazionale Magistrati votò, allora, un ordine del giorno disapprovando i magistrati che non avevano aderito alla manifestazione. A tale deplorazione risposi con una lettera che illustrava la mia posizione e sottolineava che il collegio di cui facevo parte aveva ritenuto opportuno non rinviare né sospendere l'udienza, non per indifferenza o per mancanza di solidarietà, ma per una scelta diversa circa il modo di esprimere il cordoglio e la protesta per la morte del collega Alessandrini. Eravamo stati concordi nel tenere l'udienza regolarmente e dedicarla al collega ucciso commemorandolo in apertura d'udienza. Eravamo convinti, infatti, che le assemblee, le sospensioni del lavoro, gli scioperi, le orge di parole che seguivano puntualmente ogni atto terroristico rendevano un servizio al terrorismo, poiché contribuivano al raggiungimento dei suoi scopi, paralizzando la vita del Paese e accrescendo - come una cassa di risonanza - il senso di frustrazione e di sgomento. Oltre tutto, erano assolutamente inutili rispetto alla funzione che si proponevano, poiché l'esperienza di quegli anni dimostrava che dopo ogni manifestazione di protesta e di sdegno il terrorismo aveva di nuovo puntualmente colpito, per di più rincarando la dose di ferocia.

In effetti, sono fermamente convinto che è necessario inaugurare un modo nuovo di reagire. Un modo che faccia leva non sull'emotività e sull'inutile rito delle pubbliche esecrazioni, ma sull'impegno deciso e irremovibile di un lavoro intenso, serrato, inalterabilmente sereno, civilmente costruttivo. Tale impegno è, oltre tutto, il migliore omaggio alla memoria di chi ha sacrificato la vita per il proprio dovere. Quell'omaggio non si realizza rimandando a casa imputati felici per un insperato rinvio del processo a loro carico o testi sdegnati per aver perso inutilmente ore di lavoro: si realizza imponendo a noi stessi di stare al nostro posto di lavoro, alieni da ogni retorica e convinti che la miglior risposta al terrorismo è tenere i nervi a posto e fare tutti il proprio dovere, nel miglior modo possibile.

Il Paese è stufo di parole e di retorica; ed è stufo di vedere gente che non sa esprimere i propri sentimenti se non lasciando il proprio lavoro, e dimostrando così che la pistola o la bomba di un terrorista bastano per provocare la paralisi e la deriva, anche nelle più delicate funzioni pubbliche.

19
RAPPORTI TRA GIUDICE E AVVOCATI

Nel mio lavoro di giudice, sia civile che penale, ho sempre considerato l'avvocato come un collaboratore della giustizia. Per verità, oggi vi sono avvocati che rifiutano tale ruolo: affermano che il difensore è dalla parte del cliente e si battono non per la ricerca della verità, bensì per la soddisfazione degli interessi del cliente. Tuttavia io mi sono sempre ostinato a considerare l'avvocato come un collaboratore; e quindi non soltanto a tutelare con rigore i diritti della difesa, ma anche a credere che l'avvocato non sia insensibile agli interessi obiettivi della giustizia e sappia consigliare opportunamente il cliente a non irrigidirsi su posizioni indifendibili, a recepire, quanto meno a livello minimo, il senso della giustizia, a non rifiutare - in una causa civile - una soluzione transattiva che, se da un lato comporta una parziale rinuncia a un diritto astrattamente rivendicato, dall'altro lato offre la possibilità di chiudere una vertenza salvando sostanziali esigenze di giustizia e allentando le tensioni.

Per tale motivo non ho mai guardato all'avvocato come a un avversario da temere e mi sono sempre rapportato a lui non solo con rispetto, ma anche con fiducia nella sua umanità e nel suo buon senso. E devo dire che ho trovato normalmente collaborazione: sia nel pilotare una causa civile verso una opportuna transazione (o, se si trattava di una causa di separazione tra coniugi, verso una separazione consensuale), sia nel convincere un imputato, inchiodato alle sue responsabilità da prove incontestabili, a tenere un comportamento processuale realistico.

Certo, ci sono avvocati nei cui confronti il giudice, pur rispettoso e fiducioso, deve essere estremamente vigilante: avvocati che non disdegnano i «colpi bassi» pur di fare gli interessi del cliente; che approfittano di una frase imprudente, con cui il giudice esprime una mezza opinione su un processo da celebrare, per «sparare» una istanza di ricusazione; che fanno i salti mortali per strappare al giudice il rinvio di una udienza scottante e pericolosa per il proprio cliente; che, di fronte al cliente, attribuiscono a deficienze del giudice (trascuratezza, superficialità, scarsa preparazione) una decisione sfavorevole, anche quando tale decisione è frutto di incontestabili risultanze processuali o magari di una errata condotta di causa da parte del difensore.

Il giudice deve aver cura di non sbilanciarsi mai sul merito di un processo nel parlare con un avvocato (come, d'altronde, nel parlare con qualsiasi persona); di non lasciare nel fascicolo processuale appunti personali con cui egli abbia scrupolosamente annotato dati e impressioni ricavati dallo studio degli atti in vista di sottoporre il tutto al vaglio della discussione in camera di consiglio (un appunto innocentissimo potrebbe, da un avvocato indiscreto e tendenzioso che ne prendesse visione o ne venisse in possesso, essere interpretato, sia pure arbitrariamente, come una anticipazione del giudizio e quindi come motivo di ricusazione). Deve inoltre essere molto cauto nel valutare le istanze di provvedimento *inaudita altera parte,* di rinvio di una udienza, di rimessione in libertà di imputati detenuti, ecc.

Torna qui a proposito il discorso già accennato sulla riservatezza del giudice e sulla prudenza nel decidere.

Fatte queste precisazioni, ritengo essenziale che il giudice informi il proprio comportamento a grande rispetto verso l'avvocato, il quale svolge nel processo un ruolo essenziale. Ciò significa trattare l'avvocato con correttezza e signorilità, senza il distacco, la boria, il senso di superiorità o, al limite, il disprezzo di chi si sente titolare di poteri molto vasti. Non comportarsi, insomma, come se il giudice fosse «padrone» del processo, una sorta di *deus ex machina* che gestisce il processo con esclusività arrogante e possessiva. Significa, inoltre, ascoltare sempre con attenzione l'avvocato che parla; non entrare in polemica con lui (la sede opportuna per dire la propria opinione è, per il giudice, la motivazione del provvedimento); non rimbeccarlo o, peggio, deriderlo se, per avventura, fa affermazioni in contrasto con le risultanze processuali o dice qualche «sciocchezza giuridica»; non dar segni di irritazione o non guardare ostentatamente l'orologio nel corso di un'arringa troppo lunga (se del caso, richiamare all'essenzialità, ma con parole serene e cortesi).

Inoltre, occorre che il giudice abbia comprensione per le esigenze degli avvocati. Il loro è un lavoro difficile e affannoso. È difficile decidere se accettare o no la difesa di un cliente, perché spesso il cliente è reticente nell'esporre all'avvocato il suo caso, oppure non sa esprimersi in modo esatto. Nel corso del processo l'avvocato può trovarsi di fronte a «sorprese» in ordine a fatti che il cliente gli aveva taciuto e che costringono il difensore a ridimensionare la propria linea difensiva. La lunghezza di un'arringa può dipendere talora dal fatto che l'avvocato vuol far capire al cliente che il difensore sta facendo tutto ciò che il suo dovere professionale gli impone.

La contemporaneità di processi fissati davanti a giudici diversi costringe talora l'avvocato a veri e propri *tours de force,* con l'affanno di arrivare per tempo in sedi giudiziarie diverse, spesso (come avviene da lungo tempo a Torino) disseminate in zone diverse della città. Queste difficoltà e queste corse affannose (che spesso mi hanno indotto a definire scherzosamente la professione dell'avvocato come una «professione atletica») devono trovare giusta comprensione nel giudice: non nel senso di favorire rinvii, ma nel senso di agevolare l'avvocato attraverso opportune modifiche del ruolo delle udienze, anticipando o ritardando, con il consenso degli altri avvocati, la chiamata di un processo per consentire al difensore, nei limiti del possibile, di adempiere tutti gli impegni che ha in agenda nel corso della giornata (impegni che non ha scelto lui, ma che provengono da provvedimenti di giudici diversi).

Questa attenzione alle esigenze umane dell'avvocato - senza venir meno alle esigenze obiettive dell'ufficio - è un buon lubrificante nei rapporti tra giudice e difensori, poiché promuove la cordialità, la comprensione, la collaborazione reciproca.

20
ELOGIO DELL'AVVOCATO
SCRITTO DA UN GIUDICE

Nel 1935 un grande avvocato, Piero Calamandrei, pubblicò - come ho già detto - un *Elogio dei giudici scritto da un avvocato:* un libro felicissimo, che venne poi ampliato nelle molte edizioni successive, e in cui Calamandrei metteva in luce pregi e difetti dei giudici.

Rovesciando il discorso, io mi sono domandato: che cosa apprezza il giudice in un avvocato? Quali sono le caratteristiche ideali dell'avvocato, secondo il giudice?

Proverò a rispondere, esprimendo opinioni molto personali, ma sperando che siano condivise da molti giudici. Potrei intitolare questo tentativo: «Elogio dell'avvocato scritto da un giudice»; s'intende, senza alcuna presunzione di imitare il grande e insuperabile Calamandrei. E allora, ecco il mio elogio dell'avvocato ideale: un avvocato ideale che, intendiamoci, esiste, per buona fortuna, nella realtà.

Sul piano giuridico il giudice apprezza, anzitutto, nell'avvocato:
- la *chiarezza*. Che cosa vuole? Che cosa chiede? La chiarezza delle domande è indispensabile: la loro confusione o la loro contraddittorietà crea grosse difficoltà al giudice e può danneggiare gravemente, specie nel processo civile, gli interessi della parte che l'avvocato difende;
- l'*essenzialità*: che significa sgombrare del troppo e del vano il discorso; evitare nell'arringa o nella memoria scritta digressioni che siano estranee o marginali rispetto al nucleo essenziale del processo; imporsi brevità e stringatezza, compatibilmente con la complessità delle questioni che il processo comporta;
- la *precisione terminologica*: in materia giuridica la precisione è indispensabile; è un aspetto della chiarezza. Il possesso è cosa diversa dalla detenzione e dalla proprietà, la risoluzione di un contratto è cosa diversa dalla rescissione, la nullità di un negozio

giuridico è cosa diversa dalla annullabilità, e così via. Un avvocato che usi un termine per l'altro o che passi indifferentemente dall'uno all'altro come se fossero equivalenti dimostra una superficialità e un'approssimazione che nuocciono gravemente alla chiarezza e intorbidano la causa;

- la *logicità delle tesi*: la tesi illogica e assurda indispone il giudice perché gli dà l'impressione di essere preso in giro.

Sul piano della condotta di causa, poi, il giudice apprezza l'avvocato

- che è convinto della sua tesi ma non settario, non assolutista; cioè l'avvocato che, pur convinto di una tesi, ammette che vi sia spazio per un'opinione diversa;
- che è, quindi, sereno, cioè discute la causa con passione ma con un certo signorile distacco, pronto a incassare sportivamente un'ordinanza sfavorevole e a non tenere il broncio per una sconfitta;
- che sa sollevare incidenti e contestare le affermazioni di un teste, ma senza aggredirlo verbalmente, senza irridere alle sue affermazioni, senza venir meno al rispetto dovuto a chi depone come testimonio;
- che è realista e sa cogliere il pensiero del giudice, mettersi nei suoi panni, *avoir l'oreille du juge*; quindi non parte, lancia in resta, per sfondare porte aperte, cioè per sostenere tesi di cui il giudice è già perfettamente convinto; non fa perdere tempo; non ignora e non lascia cadere nel vuoto le eventuali indicazioni che possono provenire da un'ordinanza istruttoria civile o da un provvedimento penale riguardante la libertà personale dell'imputato; riesce a percepire quando una causa è indifendibile; collabora con gli sforzi conciliativi del giudice anziché fomentare i puntigli del cliente e spingerlo all'irrigidimento.

Sul piano, infine, dei rapporti umani il giudice apprezza:

- l'avvocato non petulante (ed è petulante chi ad esempio cerca di sondare le opinioni del giudice rispetto a una causa da iniziare, oppure si presenta al giudice con una istanza ex art. 700 c.p.c. e pretenderebbe di ottenere subito il provvedimento, senza lasciare al giudice un minimo di spazio per riflettere);

- l'avvocato non adulatore, cioè l'avvocato che mostra rispetto per il ruolo del giudice, ma non si prodiga in lodi e salamelecchi, in un ossequio strisciante e servile che talvolta raggiunge livelli stomachevoli;

- l'avvocato corretto, che non si permette di parlare di una causa col giudice senza la presenza dell'avversario e che quindi rispetta fino in fondo il principio del contraddittorio;

- l'avvocato leale, che sa riconoscere i limiti delle proprie tesi e i difetti del proprio cliente; che non cambia le carte in tavola; che non ricorre a mezzucci meschini per svolgere difese impossibili;

- l'avvocato che, pur essendo stato compagno di università del giudice o avendo occasione di incontrarlo in circostanze estranee all'esercizio della professione, non gli parla delle proprie cause e sa distinguere la cordialità dell'amicizia dalla «neutralità» del rapporto professionale;

- l'avvocato che, in una causa civile rimessa a udienza collegiale per l'assegnazione a decisione ma di cui egli intende chiedere, d'accordo con l'avversario, il rinvio per trattative di transazione in corso, si fa scrupolo di informare tempestivamente di tale intenzione il giudice relatore, in modo da evitargli l'inutile fatica di studiare «a vuoto» quella causa.

21
RAPPORTI DEL GIUDICE
CON LE PARTI E CON I TESTI

Mi ha sempre interessato il rapporto del giudice con le parti e con i testi di un processo civile o penale.

La parte e il teste sono persone che spesso vengono a trovarsi alla presenza di un giudice per la prima (e ultima) volta nella vita. Per molti si tratta, dunque, dell'unica occasione in cui vedono da vicino un giudice e hanno a che fare con lui. L'impressione che ne ricevono è decisiva in ordine all'opinione che essi si formano della giustizia. Se si trovano di fronte un giudice sciatto, frettoloso, distratto, preoccupato soltanto di sbrigare in fretta l'udienza come una qualsiasi formalità, l'impressione sarà disastrosa. Se si trovano di fronte un giudice attento, rispettoso dell'umanità di ciascuno, preoccupato essenzialmente di capire e di accertare la verità per arrivare a una sentenza giusta, l'impressione sarà positiva e costruttiva.

Il senso dello Stato, la dignità del processo, il rispetto dei diritti dell'uomo, l'autentica ricerca di giustizia sono valori che il cittadino cerca nel contatto col giudice. Li coglie d'istinto quando ci sono; resta profondamente deluso e sconcertato quando ha l'impressione che non ci siano.

Certe udienze civili affollatissime di cause, in cui il teste vede il giudice da lontano, sommerso da fascicoli e da una folla di avvocati, e talora viene sentito dai difensori delle parti, i quali verbalizzano utilizzando (in assenza di un tavolo disponibile) l'uno la schiena dell'altro e sottopongono poi al giudice la verbalizzazione per la conferma e la sottoscrizione, sono spettacoli avvilenti, illegali, che danno della giustizia un'immagine fortemente negativa e addirittura scandalosa. Non ho mai consentito a fatti del genere: ma la scena che ho descritto non è una pittoresca invenzione; l'ho sentita spesso evocare da avvocati o da colleghi.

A me è accaduto sovente, nell'udienza civile in pretura o in tribunale o in corte di appello, di non poter disporre di cancelliere, a causa della carenza di personale ausiliario, e di dover verbalizzare io stesso le dichiarazioni di una parte o di un teste. È umiliante per un giudice operare in tali condizioni di penuria di mezzi, di solitudine, di disorganizzazione. Ma quando può essere salvata una soglia minima di legalità (e nel caso di specie l'assenza del cancelliere non è, a mio avviso, cagione di nullità,[10] la situazione può essere riscattata - agli occhi degli utenti della giustizia - con la dignità del giudice, il suo modo di comportarsi e di gestire il processo, il suo sforzo di stabilire, nonostante tutto, un rapporto corretto, dignitoso, umano con i destinatari della giustizia.

Nel trattare con i testi il giudice non deve dimenticare che essi sono normalmente persone estranee ai fatti di causa, le quali vengono a deporre per un dovere civico e si sobbarcano a perdite di tempo (e talora a viaggi lunghi), percependo indennità inadeguate. Occorre pertanto evitare loro di perdere tempo più del necessario: scaglionando gli orari di comparizione, rispettando rigorosamente la puntualità riducendo previamente liste sovrabbondanti (al fine di non trovarsi poi a dover licenziare un teste senza averlo sentito perché superfluo), dando la precedenza a testi che non abbiano rapporti familiari con le parti e quindi siano totalmente estranei agli interessi delle parti stesse, chiamando subito i processi penali che si prevede debbano essere rinviati (per irregolarità di notifica o per altro motivo) e quindi congedando subito i testi relativi, senza far loro perdere una intera mattinata.

Ho già sottolineato in precedenza (par. 12) l'importanza che la forma riveste nell'audizione del teste: l'ammonizione a dire la verità le domande chiare e non suggestive, la verbalizzazione precisa e fedele, la rilettura del verbale prima della sottoscrizione. Occorre sempre evitare di trattare il teste con sufficienza, peggio ancora con tono irridente: non bisogna dimenticare che anche quando il teste non ha nulla di interessante da dire e la sua audizione si risolve, per il giudice, in una perdita di tempo, la responsabilità di tale situazione non è del teste, bensì della parte che lo ha citato o fatto citare: il teste è un estraneo che è stato convocato per deporre e che è comparso in ossequio a un dovere impostogli dalla legge; ed è pubblico ufficiale

---

[10] Lo affermai in un'ordinanza istruttoria (Tribunale Torino 23 aprile 1967, in *Giurisprudenza italiana*, 1967, I, 2, col. 609, con nota di S. Chiarloni).

anche quando non dice nulla di utile; ha diritto al rispetto come qualsiasi cittadino che compia il proprio dovere.

A proposito di testi, ricordo tre tipi di esperienza particolarmente significativi per me.

La prima esperienza è quella riguardante l'interrogatorio della parte offesa in processi penali per violenza carnale. Si tratta sempre di un interrogatorio delicato e difficile, perché per la presunta vittima è dolorosissimo esporre al giudice, presenti imputato e avvocati, la vicenda, entrando in particolari molto imbarazzanti; e d'altra parte il giudice deve fare domande specifiche al fine di ricostruire l'esatta dinamica del fatto e convincersi della veridicità o meno della testimonianza. Occorrerà, allora, molta delicatezza; occorrerà evitare certe insistenze che hanno il sapore di un compiacimento su particolari scabrosi; occorrerà contenere e moderare l'offensiva della difesa dell'imputato, solitamente volta ad attaccare la testimone per dimostrare (in chiave maschilista) che, in fondo, essa era consenziente.

La seconda esperienza riguarda l'audizione di testi che siano minorenni oppure affetti da qualche handicap di natura psichica. Il minore ha una psiche immatura e fragile; va interrogato con molto tatto, specialmente quando è chiamato a deporre su vicende familiari (si pensi ai processi penali per maltrattamenti in famiglia o alle cause civili di separazione tra coniugi). Inoltre l'immaturità può falsare i ricordi e le prospettive, far scambiare la fantasia con la realtà: perciò occorre molta prudenza nel vagliare la deposizione di un minore, molta attenzione nello sceverare ciò che è racconto vero e ciò che è oggetto (magari inconsapevole) di trasfigurazione fantastica.

Quando poi si tratta di handicappati psichici il problema si fa ancor più delicato e complesso. Occorre tener conto del tipo di malattia mentale; occorre valutare attentamente i riscontri obiettivi provenienti *aliunde*; occorre tener presente che il teste può essere un ex malato, il quale oggi ha ricuperato la salute mentale ma riferisce fatti che aveva percepito durante la malattia. Il malato di mente non può, per ciò solo, essere considerato inveritiero; ci sono nuclei di verità che ben possono sussistere nella deposizione di un malato psichico.

Uno dei processi penali più difficili e tormentosi fu, per me, quello in cui innumerevoli persone che erano state in ospedale psichiatrico accusavano di maltrattamenti un medico che, a detta loro, usava l'elettroshock a scopi disciplinari e punitivi. Fu una grossa fatica, per il tribunale da me presieduto, ascoltare con attenzione e rispetto l'imputato e i numerosi testi, valutare le accuse provenienti dalla dolente teoria di malati e di ex malati, controllare le cartelle cliniche di tutti gli interessati, valutare i riscontri che potevano provenire dall'ambiente ospedaliero. Il tribunale si convinse della responsabilità penale dell'imputato e pronunciò una sentenza di condanna, dando credito alle dichiarazioni dei testi.[11]

La terza esperienza riguarda un processo penale in cui la difesa dell'imputato aveva citato a comparire come teste un rabbino ebreo che proveniva da Anversa. Il rabbino comparve davanti al Tribunale e io, come Presidente, lo invitai a prestare giuramento, secondo quanto prescriveva il codice di procedura penale allora vigente. Rispose che la sua religione gli vietava di prestare giuramento e quindi si rifiutò di giurare. Era una obiezione di coscienza in piena regola; ma tale tipo di obiezione di coscienza non era riconosciuto dalla legge italiana. Il tribunale si trovò in una *impasse* imbarazzante: il teste era tenuto, per legge, a giurare di dire la verità, e il rifiuto di giurare comportava la commissione di un reato ex art. 366 codice penale. Se il teste avesse insistito nel rifiuto, il tribunale avrebbe dovuto emanare i provvedimenti del caso a carico del teste: anche se si rendeva ben conto che l'obiezione di coscienza del rabbino era molto seria e pienamente rispettabile poiché si radicava nel diritto fondamentale dell'uomo di professare liberamente la propria fede religiosa e di

---

[11] Occorre, peraltro, ricordare che la sentenza del Tribunale di Torino non passò in giudicato perché il processo ebbe un percorso successivo assai travagliato per motivi procedurali e si concluse poi - per quel che mi consta - con una declaratoria di non doversi procedere per prescrizione del reato: cioè con un nulla di fatto, dovuto ai tempi lunghi che spesso occorrono per celebrare i processi penali (di quei tempi lunghi ho parlato nel par. 10). Ma il processo davanti al Tribunale di Torino fu così singolare ed emblematico da costituire materia di un libro: A. PAPUZZI, *Portami su quello che canta. Processo a uno psichiatra*, Einaudi, Torino 1977.

obbedire, in coscienza, ai dettami di essa. Forse una via di uscita sarebbe consistita nel sollevare questione di legittimità costituzionale, anche a costo di sospendere il processo penale per un tempo imprevedibile: ma la difesa, con molta sensibilità, intervenne dichiarando che rinunciava alla audizione del teste da essa stessa citato.

Il nodo venne, così, sciolto nel modo più opportuno. Ma rimase l'impressione di qualcosa che non funzionava nella legge; e la mortificazione derivante, per il giudice, da un sistema processuale che costringeva una persona a fare un lungo viaggio e poi la metteva in condizioni di non poter deporre perché le imponeva un adempimento contrastante con la sua coscienza.

Oltre a ciò a me rimase l'imbarazzo di aver dovuto chiedere a un rabbino ebreo di prestare giuramento davanti al crocifisso che campeggiava sulla parete alle mie spalle. Un crocifisso settecentesco bellissimo, intendiamoci; e che a me, credente cattolico, ricordava ogni giorno l'immenso amore di Dio per ciascun uomo, il mistero del dolore, l'ingiustizia della condanna di Cristo. Ma avvertivo, con interiore sofferenza, che imporre a un rabbino israelita, non credente in Cristo, di giurare davanti all'immagine di Cristo in un tribunale dello Stato poteva avere il sapore di una prevaricazione, di una mancanza di rispetto verso i diritti della coscienza.

È pur vero che il crocifisso è anche l'icona dell'uomo oppresso, pestato, sfruttato, emarginato, ucciso ingiustamente, e che pertanto è un emblema, in un certo senso universale, della sofferenza umana: tanto che un «laico» come Piero Calamandrei aveva affermato che il crocifisso, segno di un enorme errore giudiziario, dovrebbe stare non alle spalle del giudice, bensì davanti a lui, a ricordargli l'umiltà del giudicare e la possibilità dell'errore.[12] Ed è vero altresì che per me, credente, Cristo rappresenta, più che un segno confessionale, l'incarnazione del modello d'uomo che sa spendere totalmente la sua vita per gli altri e che quindi assume, anche sotto tale profilo, un carattere di universalità. Ma io mi sentivo comunque a disagio perché mi pareva che il tribunale avrebbe dovuto esprimere una laicità di fronte alla quale qualunque uomo, credente o non credente, si sentisse

---

[12] P. CALAMANDREI, *op. cit.*, pag. 319.

a suo agio e ritrovasse la propria umanità, percepita come un denominatore comune ed espressa in termini di diritti umani, senza riferimento a gesti o a simboli che potessero costituire un richiamo, diretto o indiretto, ad una determinata fede religiosa.

22
A PROPOSITO DI LETTERE E DONATIVI

Parecchie volte mi accadde che una parte di un processo civile o penale mi scrivesse una lettera dopo un provvedimento giudiziale emesso da me o da un collegio di cui ero membro.

Lettere gradite e molto significative erano quelle di coniugi che avevano avuto con me una causa di separazione e che in corso di causa si erano riconciliati: mi scrivevano per ringraziarmi di ciò che avevo detto loro durante le udienze e dell'impegno che avevo posto per avviarli alla riconciliazione. I casi di riconciliazione furono - come ho già avuto occasione di dire (par. 7) - pochissimi, e quindi pochissime furono le lettere di quel tipo: ma mi diedero immensa gioia.

Talvolta una parte mi scrisse per esprimere il suo disappunto in ordine a una sentenza sfavorevole e per criticare la sentenza stessa. A quelle lettere ho sempre risposto: in modo sobrio e sereno, evitando di scendere sul terreno della polemica, invitando l'interessato a leggere attentamente la motivazione del provvedimento, dicendogli che, in ogni caso, aveva diritto di proporre impugnazione e sottolineando che il giudice decide secondo coscienza ma non si ritiene infallibile. Nel dire questo mi rendevo ben conto del rischio che qualcuno potesse strumentalizzare le mie lettere e dedurre arbitrariamente che il giudice ammetteva di avere sbagliato; e potrà ben darsi che molti miei colleghi non condividano la mia scelta di rispondere. Ma io ho sempre preferito accettare quel rischio, poiché ritengo che una risposta civile e costruttiva sia sempre migliore di un silenzio distaccato e kafkiano, interpretabile come disprezzo del cittadino o come imbarazzo o come affermazione di sdegnosa superiorità.

Mi accadde anche di ricevere lettere minatorie: ma a questo particolare fenomeno accennerò più avanti (par. 28).

Qualche volta - rarissima, in verità - mi accadde, poi, di ricevere un regalo dalla parte di una causa civile che aveva apprezzato un mio provvedimento e che intendeva in tal modo esprimere la sua riconoscenza. In tali casi reagii sempre nell'unico modo che mi sembrava corretto per un giudice: rifiutare il regalo con cortese fermezza o, nel caso che mi fosse arrivato per posta o mi fosse stato lasciato in portineria, rispedirlo immediatamente al mittente a mezzo corriere espresso oppure incaricando mia moglie, sempre solidale con me in quell'atteggiamento, di fare da corriere.

Si trattava, per verità, di doni simbolici, costituiti dalla classica cassetta di bottiglie: ma la simbolicità non era una ragione che giustificasse una accettazione, la quale avrebbe gettato un'ombra sulla imparzialità del giudice e sulla assoluta «gratuità» della sua prestazione *super partes*.

Quando si trattava di cose più umili e più domestiche, come ad esempio i frutti del lavoro di un contadino, l'impresa di restituzione diventava più difficile e delicata, dato il rischio di offendere una sensibilità semplice e del tutto aliena da finalità disoneste: ma fui sempre irremovibile nel rifiutare o nell'immediato restituire, perché sul giudice non deve esserci neanche la più lontana ombra di favoritismo o di interesse personale legato a un atto del suo ufficio.

Ovviamente la cosa mi fu enormemente più facile quando, al termine di una causa civile che aveva avuto come parte uno dei maggiori cinema di Torino (al quale la causa era risultata favorevole), l'avvocato del titolare del cinema venne a dirmi che il suo cliente, ben impressionato dalla rapidità e dall'esito del giudizio, desiderava esprimere il suo apprezzamento offrendo a me e a mia moglie un tesserino permanente per l'ingresso gratuito al cinema. Ero convinto della buona fede dell'offerente e pertanto non feci rilevare che una accettazione dell'offerta avrebbe potuto integrare gli estremi della corruzione impropria (art. 318, 2° comma codice penale). Mi limitai a dire all'avvocato che ringraziavo il suo cliente per il gentile pensiero ma che non ritenevo di accettare l'offerta. Ed ebbi la soddisfazione di sentirmi rispondere dall'avvocato: «Signor giudice, io ho eseguito un incarico del mio cliente, ma ero sicuro che Lei avrebbe risposto così».

23
«NEC PRECE NEC PRETIO»

Per tre anni presiedetti la seconda Sezione penale della Corte di appello di Torino, Sezione che tiene udienza in una bella aula barocca del palazzo della Corte (l'antica sede del Senato piemontese, la cui costruzione venne iniziata nel 1720 su progetto del Juvarra, venne proseguita da Benedetto Alfieri e venne conclusa poi, nel 1838, da Ignazio Michela). Le pareti di quell'aula sono decorate da stucchi e da tavole marmoree su ciascuna delle quali è incisa una frase in latino riguardante la giustizia. Una di quelle frasi, bellissima nella sua tacitiana essenzialità, dice: *Nec prece nec pretio*, che significa: «Il giudice non dovrà mai giudicare in base a preghiere rivoltegli o in base a denaro offertogli».

È un programma di altissimo significato: il giudice deve essere incorruttibile; e deve anche essere impermeabile a eventuali raccomandazioni (le «preci»).

Sulla incorruttibilità non c'è nulla da dire, tanto il discorso è evidente. Un giudice che giudichi secondo il «prezzo» che riceve è una contraddizione così clamorosa e macroscopica che parla da sé; è, forse, il più enorme e scandaloso tradimento dell'etica professionale del giudice; e tutti abbiamo subìto uno «choc» altamente traumatico quando abbiamo visto qualche giudice accusato di aver fatto mercato delle proprie funzioni giurisdizionali.

Sulle raccomandazioni c'è qualche cosa da dire, perché in Italia la piaga della raccomandazione è talmente diffusa che è quasi diventato costume il ritenere che sia un fatto normale e che sia praticabile anche nei confronti dei giudici. È dunque opportuno ricordare che il giudice è e deve essere - per la natura stessa della sua funzione - allergico a qualsiasi raccomandazione. La sua bandiera è l'imparzialità: deve emanare i suoi provvedimenti sulla base esclusiva delle risultanze del processo, applicando la legge solo ed esclusivamente alla luce della propria coscienza indipendente. Se egli decidesse in base a raccomandazioni ricevute, il suo giudizio ne verrebbe inquinato e stravolto; tradirebbe, quindi, la giustizia.

Credo di poter dire, alla luce di una esperienza giudiziaria ultraquarantennale, che la magistratura è, nella sua stragrande maggioranza, indenne da una simile piaga.

A me è capitato qualche rara volta di essere oggetto di tentativi di raccomandazione, talora camuffati col pretesto di voler soltanto segnalare l'esigenza di rapidità del processo (un modo ipocrita per farti sapere che una certa persona è conosciuta dal «segnalante»). Ho risposto ogni volta in modo secco e distaccato, facendo presente che esaminavo *sempre* ogni processo con la massima attenzione, decidevo sulla base di una scrupolosa valutazione di tutte le *risultanze processuali* e procedevo con la *massima rapidità* consentita dalla natura della causa e dal carico di lavoro. Quanto al merito della causa, poi, ero istintivamente portato a esercitare una particolare vigilanza nel vagliare le ragioni o meno della parte in questione: proprio al fine di evitare che quanto accaduto potesse, anche inconsciamente, influire sulla obiettività del giudizio. Ma, ripeto, si è trattato di casi rarissimi.

Inoltre, quando qualcuno mi ha chiesto di parlare del suo caso al giudice investito della sua causa, mi sono sempre rifiutato, facendo presente che il giudice non può ricevere né utilizzare alcuna notizia che gli pervenga al di fuori dei canali ufficiali del processo e che sarebbe stato gravemente scorretto, da parte mia, venir meno a elementari regole di deontologia professionale. Quelle regole sono una fondamentale garanzia di imparzialità per tutte le parti del processo, compresa quella che vorrebbe ricorrere alla raccomandazione.

C'è una domanda che esprime perfettamente questa realtà: «Lei sarebbe contento se al giudice pervenisse una raccomandazione del suo avversario? E allora...».

24
I LIMITI DEL PROCESSO CIVILE:
IL GIUDICE PRIGIONIERO DELLA FORMA

A parte le cause civili di cui ho già parlato e a parte le soddisfazioni morali che ne ho ricevuto, ho spesso avvertito un certo disagio nel lavorare come giudice civile. Il processo civile è, nel suo schema generale, un processo molto formalistico, in cui ha scarsissimo spazio il libero convincimento del giudice: il giudice vi si trova, infatti, «con le mani legate», prigioniero delle domande delle parti e della impostazione che le parti hanno dato alla causa. Il principio della domanda lo inchioda a ciò che le parti chiedono: e il giudice non può provvedere in un certo modo, secondo quanto egli ritiene giusto, se le parti non hanno proposto domande in quella direzione.

Il principio dispositivo (che consegna alle parti il potere di «disporre» del processo, cioè di impostarlo e di svilupparlo secondo i propri criteri) impedisce al giudice di prendere iniziative sue, di dare impulso agli sviluppi del processo, di disporre egli stesso, d'ufficio, l'acquisizione di prove che ritenga utili all'accertamento della verità: solo la parte può dare impulso al processo; solo la parte può dedurre prove; il giudice è costretto, di regola, a un atteggiamento passivo; salvo casi particolari (come il deferimento di un giuramento suppletorio), dovrà limitarsi a tirare le conseguenze di ciò che le parti hanno messo nella «scatola» del processo.

Tutto ciò ha risvolti autenticamente drammatici. Ma è proprio la legge a strutturare in tale modo il processo civile. La conseguenza è paradossale. Ci sono cause impostate male, che il giudice non può raddrizzare d'ufficio. Se un avvocato commette errori nell'impostare una causa e non rimedia o perché non percepisce l'errore o perché la situazione è tale da non consentire rimedi, la causa cammina su quell'errato binario iniziale: il giudice non può azionare uno scambio di binari e resta prigioniero dell'imperizia dell'avvocato.

Il dramma si aggrava ulteriormente nel giudizio di appello perché in tale giudizio i vincoli posti all'attività del giudice sono ancora più stretti e condizionanti:

- una parte che nell'atto di appello non abbia avuto l'avvertenza di censurare espressamente una determinata affermazione sfavorevole contenuta nella motivazione della sentenza appellata fa sì che su quella affermazione si formi il giudicato endoprocessuale e che pertanto il giudice di appello resti vincolato da quella affermazione anche quando sia convinto che essa è inesatta;
- una parte che non abbia cura di riproporre in appello tutte le domande proposte in primo grado e ne dimentichi una, resterà definitivamente pregiudicata da quella omissione e il giudice non avrà il potere di ovviare alla dimenticanza;
- una parte che non riproponga specificamente in appello tutti i capi di prova dedotti in primo grado o che si limiti a un richiamo generico o che non rinnovi l'indicazione dei testi, resta inevitabilmente spiazzata e rischia di perdere la causa per una questione di forma.

Ne consegue che nel processo civile è di essenziale importanza, per la parte, essere assistita da un avvocato intelligente e preparato. Il processo civile è una raffinata partita a scacchi, la cui conduzione e il cui esito dipendono, in gran parte, dalla bravura dell'avvocato. Un avvocato mediocre, impreparato od ottuso, che non conosca alla perfezione le regole del processo e che non sappia intuire la pericolosità di una mossa dell'avversario, condanna inesorabilmente il proprio cliente alla soccombenza: al limite, anche nel caso in cui il cliente abbia ragione.

Ciò comporta una discriminazione assai grave tra i cittadini, perché finisce per far dipendere l'esito della causa, più che dalla ragione o dal torto di una parte, dalla qualità dell'avvocato che la assiste e dalla acutezza con cui egli imposta e conduce la causa stessa. Io non nego - sia ben chiaro - la necessità che il processo sia assoggettato a regole che garantiscano l'esercizio del diritto di difesa e stabiliscano le modalità di acquisizione degli elementi utili alla decisione. Dico semplicemente che il processo civile, così come oggi è strutturato, non attribuisce al giudice una sufficiente libertà di movimento e di apprezzamento, tale da consentirgli di far giustizia sostanziale.

Fortunatamente c'è qualche settore civilistico in cui il formalismo non impera in modo assoluto. Ho già accennato alla materia delle separazioni, dove l'iniziativa del giudice può avere un certo spazio, e alla materia delle azioni possessorie. Posso aggiungere l'amplissima materia delle questioni civili in campo minorile. Il «civile» minorile, sia quello contenzioso (come, ad esempio, le cause di opposizione alla dichiarazione dello stato di adottabilità), sia quello non contenzioso, consente al giudice margini di intervento assai più larghi, perché, avendo come centro essenziale l'interesse del minore, attribuisce al giudice discrete possibilità di manovra. Il non-contenzioso (detto anche «volontaria giurisdizione») comprende, in materia minorile, una serie vastissima di procedimenti in cui le parti non sono obbligate a farsi assistere da un avvocato e in cui il giudice, dopo aver raccolto gli elementi utili per la decisione, emette in camera di consiglio un decreto motivato. Le questioni possono essere innumerevoli: si va dai casi di decadenza dalla potestà genitoriale ai casi di genitori non sposati e separati che si disputano i figli minori; dai casi di affidamento di un minore a una coppia affidataria o a una comunità-alloggio ai casi di delibazione di provvedimenti stranieri riguardanti minori; dai casi di intervento a tutela di un minore contro comportamenti pregiudizievoli di familiari ai casi di coniugi che chiedono la dichiarazione di idoneità all'adozione di un minore straniero.

In questi campi il giudice minorile opera alla luce del libero convincimento, senza pastoie formalistiche che lo leghino alle domande delle parti: respira un'aria diversa da quella del comune processo civile e ha la soddisfazione di scegliere le soluzioni che ritiene più conformi all'interesse del minore, incidendo in modo determinante nel sociale. Col rischio di sbagliare, s'intende: ma con la consapevolezza di fare scelte che puntano alla sostanzza, anziché di risolvere la causa sulla base di mere questioni di forma e di procedura.

25
I VARI SETTORI DEL LAVORO GIUDIZIARIO
E LE OPZIONI DEL MAGISTRATO

Il discorso sul «civile» introduce a un più ampio discorso sulla pluralità di settori del lavoro giudiziario. C'è il civile e c'è il penale; ci sono gli uffici della magistratura giudicante e gli uffici della magistratura requirente (cioè del pubblico ministero); c'è il lavoro giudiziario in pretura e quello in tribunale (o in corte d'appello); ci sono, poi, tipi di lavoro specialistico (giudice del lavoro, giudice minorile, giudice di sorveglianza, ecc.); per i magistrati che hanno maggiore anzianità c'è la possibilità di lavorare in Cassazione (cioè in un organo di mera legittimità) o di continuare a lavorare in un organo di primo o di secondo grado (cioè in un organo di merito).

Al magistrato si offrono oggi svariate possibilità di opzione circa il proprio lavoro. Le opzioni sono, ovviamente, condizionate dal numero di posti disponibili nei vari uffici; ma, in genere, un magistrato ha la possibilità di ottenere la destinazione al settore di lavoro da lui richiesto. Non ci sono rigidi sbarramenti: i vari tipi di lavoro sono intercambiabili; un magistrato può passare dalla giudicante alla requirente e viceversa, può passare dalla pretura al tribunale e viceversa, può passare dal civile al penale e viceversa. Mentre i due primi tipi di passaggio richiedono un provvedimento del C.S.M., il terzo, essendo interno a un ufficio e riguardando solo un passaggio da una sezione all'altra dell'ufficio stesso, richiede soltanto un provvedimento interno del capo dell'ufficio.

Io sono sempre stato nella magistratura giudicante, perché non ritenevo di avere le attitudini per la requirente e mi sentivo a mio perfetto agio nell'esercitare le funzioni di giudice. Nell'ambito della magistratura giudicante ho sperimentato il lavoro di pretura, quello di tribunale e quello di corte di appello, passando ogni tanto dal penale al civile e viceversa. Questi passaggi sono utili e stimolanti, poiché consentono al magistrato di non fossilizzarsi in un certo ruolo, di mantenere agilità mentale, di rompere gli schemi, di essere un giudice più completo. Certo, è opportuno che i passaggi avvengano non troppo frequentemente, perché ogni passaggio impone un certo periodo di rodaggio. Il civile e il penale sono, infatti, due mondi profondamente differenti, sia per la diversa struttura dei processi, sia per il diverso tipo di problemi sostanziali che quei due rami del diritto pongono. Occorre quindi, da parte del giudice, un certo sforzo mentale di adattamento ai diversi canoni di operatività, oltreché uno sforzo di aggiornamento sui problemi giurisprudenziali specifici del settore.

Non ho mai chiesto di andare in Corte di Cassazione, sia perché spostare la mia sede di lavoro a Roma mi avrebbe imposto ritmi di vita non confacenti al mio temperamento e alle mie esigenze familiari, sia perché non ho mai avuto grande interesse per il lavoro astratto del giudizio di mera legittimità: mi è sempre piaciuto fare il giudice «del fatto» oltreché del diritto. Naturalmente, tale scelta ha comportato il privarmi di un'esperienza obiettivamente interessante; ma non mi sono mai sentito diminuito dal fatto di essermi privato volontariamente di quella esperienza.

Ho sempre notato che i magistrati, almeno in grande maggioranza, preferiscono il lavoro civile al lavoro penale. Pertanto nei grandi uffici giudiziari (quelli delle grandi città, in cui esistono sezioni civili e sezioni penali) sono solitamente più appetite le sezioni civili, tanto che si sono consolidate certe regole interne per l'accesso alle varie sezioni: i magistrati che arrivano in un grande tribunale o in una corte di appello devono fare un *curriculum* obbligato e vengono assegnati anzitutto a una sezione penale; poi, man mano che arrivano magistrati più giovani, i più anziani riescono a passare al civile, a cui normalmente aspirano.

Perché mai questa preferenza per il civile? Perché, tra civile e penale, i ritmi di lavoro sono profondamente diversi. L'udienza penale ha orari perennemente incerti: si sa a che ora si comincia ma non si sa mai a che ora si finirà. Le sezioni penali sono sovraccariche di lavoro e pertanto le udienze sono solitamente assai pesanti; si è molto legati materialmente all'ufficio e si ha sempre a che fare con la devianza sociale (il che, se ha contenuti profondamente umani, finisce per logorare fortemente); il carico delle udienze viene stabilito dal presidente, il quale lo distribuisce tra i giudici del collegio e non sempre è possibile dosare con assoluta equità il lavoro assegnato ai vari giudici (la distribuzione in base al numero dei processi non è adeguata, poiché vi sono processi penali che, per la difficoltà delle questioni o la vastità dell'indagine probatoria, equivalgono a cinque, sei, dieci o venti altri processi). Inoltre il lavoro penale ha, come ho detto, una componente intensamente drammatica, comporta un contatto continuo e diretto con gli avvocati, esige dal giudice vigilanza e prontezza nello sventare tentativi degli imputati di sottrarsi al giudizio, costringe talora a lunghe camere di consiglio per risolvere un incidente procedurale e per motivare su due piedi un'ordinanza. Tutto ciò è enormemente faticoso.

Il processo civile, invece, ha una struttura tale che consente al giudice maggiore libertà nel gestire il proprio lavoro e minori motivi di tensione, anche se - dal punto di vista quantitativo - non presenta certo condizioni migliori. Ha l'inconveniente (come ho detto nel par. 24) di imporre al giudice una «gabbia» in cui egli è prigioniero delle domande delle parti. Ma, sotto il profilo dell'articolazione del processo, richiede al giudice ritmi meno onerosi di quelli del processo penale; e, per di più, ha fama di essere più qualificato, più ricco di tecnicismo giuridico e, quindi, più apprezzato e più gratificante.

Ogni giudice ha un certo lotto di cause civili da istruire e le istruisce secondo una propria agenda in cui egli stesso determina tempi e cadenze; quando una causa è matura per la decisione, il giudice la rimette al collegio, scegliendo egli stesso l'udienza disponibile; non vi sono, di solito, discussioni orali la cui durata sia imprevedibile (normalmente tutte le discussioni si svolgono per iscritto attraverso lo scambio di memorie e di comparse conclusionali); l'impegno collegiale si concreta in una breve udienza di assegnazione a decisione e in una camera di consiglio (lunga e impegnativa ma solitamente a cadenza settimanale); per il resto il giudice lavora a casa propria, portandovi i fascicoli delle cause per preparare la relazione in vista della camera di consiglio e per redigere la sentenza dopo la decisione in camera di consiglio. L'importante è che egli motivi la sentenza in modo esauriente, con fedeltà a quanto deciso in camera di consiglio, e che depositi la minuta della sentenza nei termini previsti dalla legge; potrà accadere che il presidente lo inviti a qualche ritocco della motivazione; ma, al di là di ciò, il giudice non avrà altre incombenze da svolgere.

Quindi il processo civile, a parte i limiti strutturali che ho già evidenziato, offre al giudice un tipo di lavoro più programmabile, più disteso di quello che offre il processo penale. Beninteso, ciò vale per l'esperienza che ho fatto io. Le cose potrebbero cambiare, almeno in parte, nel quadro della riforma del processo civile delineata dalla legge 26 novembre 1990 n. 353, la cui entrata in vigore venne più volte rinviata.

Ritengo che sia questa la ragione della maggiore appetibilità del civile. Anche se, a onor del vero, occorre dire che va crescendo, specialmente nelle più giovani leve di magistrati, il numero di coloro che prediligono il penale e lo praticano per scelta deliberata. Il fenomeno si è accentuato da quando è entrato in vigore il nuovo codice di procedura penale, perché per un giovane magistrato è affascinante la prospettiva di sperimentare direttamente la nuova legge processuale, di affrontare problemi inediti, di aprire strade nuove: è un aspetto interessante della creatività del lavoro del giudice.

26
MAGISTRATURA
E INCARICHI EXTRAGIUDIZIARI

Parecchi magistrati chiedono al C.S.M. l'autorizzazione ad accettare incarichi extragiudiziari. Si tratta a volte di tenere un ciclo di lezioni in una scuola di polizia o di pubblica amministrazione, a volte di assumere il ruolo di membro di una commissione tributaria, a volte di svolgere un insegnamento universitario, a volte di essere nominato arbitro in un procedimento arbitrale, ecc.

Ci sono casi in cui è la legge stessa a prescrivere che un certo compito debba essere svolto da un soggetto che abbia la qualifica di magistrato. Ma nella massima parte dei casi si tratta di scelte opzionali.

Il problema di fondo è quello di garantire che il magistrato non sottragga al proprio lavoro tempo ed energie, pregiudicando la piena efficienza dell'organo giurisdizionale di cui fa parte. In effetti c'è chi ha sostenuto che alla crisi della giustizia non sarebbe estraneo il fatto che molti magistrati vengono sottratti alle funzioni giudiziarie (ad esempio, attraverso destinazioni a funzioni amministrative nei vari ministeri o a funzioni di ricerca nell'ufficio del Massimario della Cassazione o in altri uffici analoghi) oppure disperdono parte del loro impegno in molteplici rivoli di attività che non hanno diretta attinenza con l'amministrazione della giustizia.

Tuttavia se un giudice, nella sua onesta e obiettiva valutazione, ritiene di poter dedicare parte del suo tempo libero ad attività collaterali, senza per nulla pregiudicare il proprio lavoro giudiziario, non vedo perché non debba essergli consentito di soddisfare tale aspirazione.

Io ho sempre praticato, parallelamente al lavoro di giudice, la ricerca universitaria, avendo sempre cura che tale attività collaterale nulla togliesse all'adempimento dei miei doveri di magistrato: fui assistente del prof. Francesco Antolisei, poi libero docente di diritto penale nell'Università di Torino, poi incaricato di «Diritto e procedura penale militare» nella stessa Università (un «incarico», non una «cattedra»: compatibile, quindi, con la qualifica di magistrato). Il tempo dedicato alla ricerca scientifica e all'insegnamento lo ritagliai sempre dal mio tempo libero, senza mai pregiudicare la mia «produttività» di giudice. Certo, è un superlavoro che costa in termini di fatica; ma se uno è disposto a sobbarcarvisi in ore in cui avrebbe diritto di riposare e di divertirsi, nonché nei week-end e nelle ferie, son fatti suoi: l'importante è che l'equilibrio funzioni e che il lavoro di giudice non subisca contraccolpi.

E, francamente, ricerca e insegnamento sono le attività collaterali più congeniali al magistrato, poiché arricchiscono la sua cultura giuridica, gli consentono di coniugare teoria e pratica del diritto, gli offrono occasioni di contatto umano con gli studenti e occasioni di trasmettere ai giovani la sua sensibilità verso i problemi della giustizia. Personalmente, poi, sono sempre stato felice che il mio incarico universitario non fosse retribuito: se avessi cumulato due stipendi si sarebbe potuto sospettare che avessi un concreto interesse economico a svolgere una attività collaterale, quasi si trattasse di un secondo lavoro; invece fu evidente e incontrovertibile che l'insegnamento universitario, svolto gratuitamente, era realmente un *hobby* (seppur di qualità) coltivato nel mio tempo libero.

In tema di incarichi extragiudiziari, ciò che non volli mai accettare è l'incarico arbitrale. Mi fece piacere, certamente, che qualcuno dimostrasse fiducia in me proponendomi di fare da arbitro in una controversia privata; ma dissi sempre di no. Mi sarei sentito a disagio io, giudice dello Stato, nel prestarmi a far da giudice privato (per di più retribuito, come lo è l'arbitro): mi sarebbe parso di sottrarre qualcosa al mio ruolo di giudice statuale, di far concorrenza alla giustizia dello Stato, di incoraggiare la fuga dei cittadini dalla giustizia civile verso una giustizia «domestica». Preferii porre ogni mio impegno nel potenziare la giustizia dello Stato, nel renderla - per quanto dipendeva da me - rapida e puntuale il più possibile, e spendere ogni mia energia di giudice nel mio lavoro di magistrato, secondo l'impegno che avevo assunto verso la collettività quando avevo scelto di entrare nella magistratura.

Con ciò non intendo minimamente esprimere disapprovazione o censura nei confronti dei magistrati che assumono, previa autorizzazione del C.S.M., il ruolo di arbitri, loro pienamente consentito. Ho semplicemente manifestato una mia personale opinione, a cui ho ritenuto di ispirare il mio comportamento: opinione che è, ovviamente, suscettibile di discussione e di dissenso.

27
GIUSTIZIA E INFORMAZIONE

I rapporti tra giustizia e mondo dell'informazione (stampa, radio, televisione) sono spesso accidentati e burrascosi. Il fatto è che in questa materia si scontrano due opposte esigenze in conflitto.

La giustizia ha bisogno di operare nel riserbo: sia perché la divulgazione anzitempo della notizia di indagini potrebbe pregiudicare lo sviluppo delle indagini stesse e danneggiare inutilmente e irreparabilmente la reputazione degli indagati, sia perché le decisioni giudiziali sono coperte dal segreto della camera di consiglio e, quando non siano emesse in pubblica udienza, non possono essere divulgate prima che il provvedimento relativo sia stato motivato e pubblicato con deposito nella cancelleria del giudice emanante.

I mezzi di informazione, invece, hanno bisogno di notizie pronte, fresche, immediate. Pubblicare una notizia giudiziaria, specialmente in una vicenda che colpisce l'opinione pubblica, è un'esigenza essenziale per un giornale; arrivare prima degli altri, poi, significa fare un colpo magistrale, che assicura vendite del giornale e crescita del prestigio del giornalista. Ecco, allora, l'assedio ai giudici e, in genere, agli uffici giudiziari, per riuscire a carpire una notizia, una anticipazione, una indiscrezione qualsiasi che serva a «fare notizia» e a vendere il giornale (o a catturare *audience* se si tratta di telegiornale).

Ed ecco, parallelamente, la precipitosità nel trasformare in «colpevoli» persone che sono semplicemente «indagate»: con la paradossale conseguenza che uno strumento foggiato per la tutela del cittadino e della sua difesa (l'informazione di garanzia) diventa uno strumento per mettere alla gogna e distruggere una persona prima che vi sia un qualsiasi provvedimento che la condanni o che comunque ne faccia ritenere probabile la colpevolezza.

Ho parlato di «assedio» del giudice, perché sovente di vero e proprio assedio si tratta. Il giudice viene atteso all'uscita dall'ufficio, viene circondato da folle di cronisti e da decine di microfoni e di telecamere, viene bersagliato da domande e da fotografie, viene mitragliato da telefonate anche in casa: e deve difendersi da questo assalto che attenta al suo dovere professionale di riservatezza e al suo diritto alla *privacy*. Una giornalista che mi braccava senza successo per sapere come la Corte d'appello da me presieduta avesse deciso in camera di consiglio un caso clamoroso che appassionava l'opinione pubblica ricorse, per stabilire il contatto con me, a un espediente ingegnoso: si informò presso l'Università circa il giorno e l'ora in cui tenevo lezione e venne a sorbirsi una lezione di diritto per potermi abbordare subito dopo; naturalmente non ne ricavò alcun risultato, se non il mio cordiale apprezzamento per l'ingegnosità della trovata. Infatti ciò che la Corte aveva deciso era coperto da un rigoroso segreto d'ufficio e avrebbe potuto essere divulgato soltanto dopo il deposito in cancelleria del provvedimento contenente la decisione e la relativa motivazione.

Io capisco le esigenze di lavoro dei giornalisti, e alle loro assillanti richieste di notizie ho sempre risposto che, non appena ci fosse stato un provvedimento riguardante il caso che stava loro a cuore, avrei messo a loro disposizione la copia integrale del provvedimento, in modo che vi potessero attingere le notizie necessarie al loro lavoro. Ma mi rendo conto che c'è un *gap* tra i tempi di lavoro del giornalista e i tempi di lavoro del giudice. La dimensione del giudice è la ponderazione; quella del giornalista è la velocità. La motivazione e il deposito di un provvedimento richiedono un certo tempo tecnico (magari soltanto di due o tre giorni), mentre il giornalista deve fare il pezzo entro una certa ora di *quel* giorno e quindi preme per avere del materiale, sia pur minimo, per un articolo.

Ciò che mi ha sempre indisposto, tuttavia, non è tanto la spiegabile fretta: è la frequente assenza di precisione nel riferire la notizia giudiziaria, la mancanza di fedeltà al contenuto di un provvedimento, il travisamento della realtà giudiziale. Spessissimo ho constatato personalmente come il pezzo giornalistico non corrispondesse affatto alla realtà di ciò che il giudice aveva deciso e motivato. Al giornalista interessava fare il pezzo di colore, e metteva in evidenza cose che erano assolutamente marginali o addirittura insignificanti rispetto alla decisione. Ciò che contava era colpire l'opinione pubblica, suscitare emozione, solleticare la curiosità: di fronte a ciò diventava del tutto secondario il vero senso del provvedimento, il suo sforzo di fare giustizia, il nucleo essenziale della decisione. Raramente ebbi a constatare che un provvedimento emesso da me o da un collegio di cui facevo parte era stato riferito sul giornale in termini esatti.

Non si dica che ciò è dovuto al fatto che il giornalista non è un «addetto ai lavori» e non è in grado di capire certi aspetti tecnico-giuridici dei provvedimenti giudiziali. No. Normalmente il giornalista (specialmente quello che si occupa di cronaca giudiziaria) è laureato in giurisprudenza o in scienze politiche e quindi è in grado di capire le motivazioni giuridiche di un provvedimento giudiziale. Potrà anche verificarsi il caso di ignoranza. Ma più spesso si tratta di vere e proprie scelte che obbediscono alla finalità di colpire l'immaginario collettivo, cioè obbediscono, in definitiva, a esigenze di mercato.

A volte è la titolazione che non corrisponde al contenuto dell'articolo e che travisa il senso della notizia giudiziaria. E in tal caso la colpa non è dell'autore dell'articolo, bensì della redazione o della direzione del giornale, che si prende la libertà di ideare un titolo a effetto, non rispondente al contenuto del pezzo.

Questo malcostume giornalistico rende un pessimo servizio alla giustizia, all'informazione, al corretto rapporto tra giudici e cittadini, e sta alla radice della diffidenza che i giudici provano spesso verso i mezzi di informazione.

Talora, poi, accade che la stampa prenda partito a favore di una tesi opposta a quella seguita dai giudici. Liberissima di farlo, certamente: la critica dei provvedimenti giudiziali è anch'essa una componente della critica democratica, che costituisce il perno della democrazia. Il provvedimento giudiziale non deve essere un intoccabile tabù: come può essere riformato in appello, così può essere sottoposto a vaglio critico da parte della stampa e dell'opinione pubblica. D'altronde il giudice emana le sentenze «in nome del popolo italiano», ed è giusto che il popolo italiano, attraverso gli organi di informazione, esprima i suoi punti di vista e i suoi motivi di dissenso. Tuttavia ci sono critiche che rivelano chiaramente che il giornalista (o l'opinionista) che scrive non conosce direttamente il provvedimento giudiziale e ne parla per sentito dire, prendendo per verità indiscutibile ciò che ha scritto - «a orecchio» - un altro giornale. Allora il discorso del giudice e il discorso dei giornali si svolgono su piani diversi che non si incontrano mai: si crea una divaricazione tra informazione dell'opinione pubblica e reale pensiero del giudice; e quella divaricazione non è un buon servizio né alla verità né alla giustizia, poiché tradisce uno dei cardini dell'informazione: far conoscere i fatti nella loro realtà e i provvedimenti dei giudici nel loro effettivo contenuto.

Ma c'è di più. Nella mia esperienza di giudice ho spesso constatato che, specialmente in materia minorile, la stampa si trova preferibilmente schierata *contro* le decisioni dei giudici. Tale orientamento nasce a volte dalla disinformazione di cui ho parlato or ora. Ma a volte nasce dal bisogno di «far notizia» ad ogni costo, premendo il pedale della emotività e presentando la decisione giudiziale in chiave scandalistica.

Un esempio. La stampa è sempre pronta, giustamente, a segnalare e a deplorare casi in cui un minore subisce maltrattamenti da parte dei propri genitori biologici; tuttavia quando scatta un provvedimento del Tribunale per i Minorenni che dichiara lo stato di adottabilità di un minore, la stampa si schiera solitamente a favore dei genitori biologici, solidarizzando con i «diritti del sangue», enfatizzando il tardivo (e talora melodrammatico) dolore di una madre, stigmatizzando la crudeltà di una decisione che «strappa» un bambino alla madre per darlo a una famiglia «estranea». In tale atteggiamento passano in secondo piano i vissuti abbandonici del minore, le esperienze distruttive fatte nel nucleo familiare biologico, l'urgenza di offrire al bambino un nucleo familiare che risponda validamente alle sue esigenze affettive. Ciò che conta è suscitare nella gente sentimenti primordiali, puntare sulla emotività delle «mamme», creare una vicenda strappalacrime: e quindi vendere il giornale.

Non ci si preoccupa di analizzare i «motivi» che il giudice ha posto a fondamento della propria decisione, di illustrare ai lettori i fatti che hanno portato alla dichiarazione dello stato di adottabilità: si prendono di peso le dichiarazioni risentite della madre biologica e su di esse si costruisce il pezzo e la sua titolazione, cercando di trovare le espressioni più colorite e più idonee a muovere i sentimenti: anche a costo di esporre il giudice a veri e propri linciaggi morali. Salvo poi abbandonare repentinamente il caso quando lo si è spremuto a sufficienza e non dar più notizia delle eventuali conferme che il provvedimento del Tribunale abbia avuto in sede di appello e di cassazione.

Nella stessa direzione si muove certa tendenza giornalistica a presentare la coppia aspirante all'adozione in una luce sfavorevole, quasi si trattasse di una coppia ruba-bambini.

E nella stessa direzione si muovono certe enfatizzazioni giornalistiche che, su fatti del tutto fisiologici nel funzionamento degli uffici giudiziari, costruiscono la notizia scandalistica di «fratture» tra i giudici. È normalissimo che di fronte a un caso concreto si manifestino, tra i giudici, opinioni diverse (appartiene alla normale dialettica giudiziaria: anche in dottrina esistono divergenze di vedute sulle questioni giuridiche; il dibattito è la vita del diritto). Ed è normalissimo che, quando in una Procura della Repubblica si verificano divergenze di valutazione tra Procuratore e sostituti, prevalga l'opinione del Procuratore della Repubblica, titolare dell'ufficio (par. 2). Eppure su dinamiche di questo tipo (assolutamente fisiologiche, cioè normali) i giornali arrivano a costruire romanzesche notizie di scontri, fratture nell'ambito di un *pool*, prevaricazioni di capi, ecc.

Tutto ciò falsa, agli occhi dell'opinione pubblica, il reale funzionamento della giustizia e si risolve in una disinformazione che tradisce l'autentica funzione della stampa e nuoce a un buon rapporto tra giustizia e mezzi di informazione.

Certo, è molto importante, in quei casi, che i magistrati stessi non diano esca a fantasie giornalistiche manifestando disappunto, irritazione, emotività o cedendo alla tentazione di «protagonismo». È necessario più che mai, in simili frangenti, che il magistrato eserciti un autocontrollo rigoroso e ponga in cima alle sue preoccupazioni l'interesse obiettivo della giustizia: interesse che è sempre tutelato meglio dal riserbo che non dalla polemica.

28
ESPERIENZE DI UN GIUDICE MINORILE

Un campo di lavoro che mi ha sempre attratto e affascinato è quello minorile. Per tale motivo accettai volentieri, quando fui nominato consigliere alla Corte di appello di Torino, l'applicazione alla Sezione per i Minorenni. Non avevo mai lavorato nel Tribunale per i Minorenni, ma non mi fu difficile entrare nello spirito del lavoro in campo minorile, sia perché in Tribunale avevo fatto una esperienza interessante in materia di cause di separazione tra coniugi, sia perché fin da giovane mi ero occupato, nell'ambito di movimenti educativi, di problemi dell'infanzia e dell'adolescenza.

Mi ambientai, quindi, rapidamente nella Sezione per i Minorenni.

Certo, il lavoro di tale Sezione, riguardando il grado di appello, ha un contatto meno diretto e immediato con la gente perché si risolve, nella massima parte dei casi, in un riesame degli atti e della decisione di primo grado alla luce delle doglianze espresse nell'atto di impugnazione. Tuttavia anche in tale sede di appello il giudice ha la sensazione di fare un lavoro immediatamente efficace e costruttivo dal punto di vista sociale: disporre una adozione, sottrarre un minore a una famiglia distruttiva, risolvere un momento familiare difficile inserendo provvisoriamente il minore in una famiglia affidataria idonea o in una comunità per dar modo alla famiglia biologica di riassestarsi, privare della potestà genitoriale un genitore indegno sono provvedimenti che incidono con immediatezza nella realtà sociale, offrendo al minore prospettive concrete di rapporti umani e affettivi adeguati alle esigenze di una normale strutturazione della personalità.

Il mio lavoro nella Sezione per i Minorenni durò circa vent'anni: dapprima come consigliere, poi come consigliere anziano facente funzioni di presidente, infine come presidente titolare. Proprio da questa esperienza ho tratto materia per talune considerazioni che ho svolto nei paragrafi precedenti. Qui vorrei aggiungere qualche considerazione più specifica.

Il lavoro degli organi giudiziari minorili è caratterizzato dalla presenza, nel collegio giudicante, di «esperti» non magistrati, che nel Tribunale per i Minorenni sono denominati «giudici onorari» e nella

Sezione per i Minorenni della Corte di appello sono denominati «componenti privati». Tali esperti vengono nominati, a loro domanda, dal Consiglio Superiore della Magistratura, previo vaglio della loro idoneità, e provengono da svariati settori delle scienze umane: psicologia, pedagogia, sociologia, medicina legale, mondo della scuola, ecc.

Nel collegio del Tribunale per i Minorenni essi sono due, accanto a due magistrati; nel collegio della Sezione per i Minorenni sono pure due, accanto a tre magistrati. In entrambi gli organi gli esperti devono, per legge, essere un uomo e una donna. Essi, pur non appartenendo alla magistratura, sono giudici a tutti gli effetti: partecipano alla camera di consiglio e il loro voto in ordine alla decisione ha lo stesso peso del voto del magistrato. La loro posizione è, quindi, profondamente diversa da quella di un consulente tecnico: essi non sono degli ausiliari, degli esterni che il giudice chiama per averne un parere in materia tecnica; essi sono giudici *pleno jure* e fanno parte integrante dell'organo giudicante.

Ho sempre avuto la fortuna di lavorare con esperti di grande valore e impegno. Ho sperimentato l'importanza che, nella formazione del giudizio collegiale, ha l'opinione di persone che, pur non avendo solitamente una conoscenza professionale del diritto, hanno conoscenza ed esperienza in materia di scienze umane che riguardano la vita del minore e i suoi rapporti con gli adulti. La discussione in camera di consiglio ne risulta particolarmente feconda per la varietà di esperienze che vi confluiscono: la collegialità, già di per sé positiva perché consente un confronto di opinioni e un esame più articolato delle situazioni e delle questioni, diventa, qui, sommamente arricchente proprio per il convergere di svariate competenze che concorrono, tutte insieme, a maturare una decisione che sia il più conforme possibile all'interesse del minore nel caso concreto. Il magistrato impara molto dagli esperti (giudici onorari o componenti privati): la reciproca stima e la comune passione per il mondo minorile generano una comunione di intenti e di impegno che affiata e crea una collaborazione intensa e sommamente proficua.

In genere la gente non conosce questa particolare composizione degli organi giudiziari minorili. I giornalisti stessi spesso la ignorano, e tale ignoranza li porta talvolta a contrapporre alle decisioni degli organi giudiziari minorili le opinioni di esperti vari che vengono intervistati e si esprimono in chiave critica: quasi che un organo giudiziario minorile fosse un cieco applicatore di norme giuridiche, privo di competenze e di sensibilità extragiuridiche e quindi inevitabilmente soccombente di fronte all'opposto parere di un esperto. Per la verità, c'è un fatto che può favorire quella ignoranza: le udienze dei processi minorili, sia civili che penali, si svolgono sempre, per espressa disposizione di legge, a porte chiuse, senza accesso di pubblico: con la conseguenza che mai nessun giornalista ha la possibilità di vedere al lavoro un organo giudiziario minorile e quindi di verificarne *de visu* la composizione.

L'esperienza e la sensibilità degli esperti è sempre - come ho detto - di grande utilità nel giudizio minorile, sia esso civile che penale: specialmente, poi, in casi particolarmente delicati e tormentosi, nei quali si rivela più che mai utile l'apporto delle scienze umane.

Tra quei casi, assai numerosi nel corso della mia lunga esperienza giudizi aria minorile, ricordo quello di una bimbetta proveniente dal Terzo mondo, introdotta illegalmente in Italia da due coniugi, i quali cercarono di far credere che la bimba fosse nata da una relazione extraconiugale del marito. Le innumerevoli contraddizioni dei coniugi e l'assenza di ogni prova seria della loro tesi, nonché il loro comportamento non lineare, diretto a guadagnar tempo con ogni mezzo (l'uomo aveva persino rifiutato di sottoporsi alla cosiddetta prova del sangue, il cui esito ha oggi raggiunto altissimi indici di probabilità) indussero il Tribunale per i Minorenni a togliere la bimba a quei coniugi e a inserirla in una famiglia che era stata dichiarata idonea all'adozione di un minore straniero secondo le norme della legge 4 maggio 1983 n. 184. Il caso fece molto clamore; le decisioni dei giudici minorili vennero duramente attaccate da molti mezzi di informazione, che si schierarono a favore della coppia che aveva violato la legge e disapprovarono il trauma che veniva inflitto alla bimba; scesero addirittura in campo politici di vario livello, esprimendo il loro dissenso dai giudici, caldeggiando in pubbliche dichiarazioni una diversa soluzione e invitando la coppia a insistere perché la bambina non le venisse tolta.

95

Nel clima di incredibile emotività che si creò, alcuni giudici minorili vennero sommersi da lettere e telefonate fortemente critiche, talune delle quali (anonime) contenenti minacce di morte, e la famiglia a cui era stata legittimamente affidata la bambina venne sottoposta ad intrusioni di vario tipo da parte di fotografi e giornalisti, venne criticata e «criminalizzata» da taluni mezzi di informazione per aver accettato l'affidamento e attraversò un periodo durissimo, in cui la sua *privacy* venne pesantemente violata, con totale disprezzo delle esigenze psicologiche della minore.[13]

La Sezione per i Minorenni da me presieduta, investita più volte da appelli verso provvedimenti emessi in ordine a quel caso dal Tribunale per i Minorenni, venne sottoposta a una dura prova di equilibrio e di serenità: rivendicò fermamente al giudice la prerogativa non espropriabile da ministri o da parlamentari - di interpretare la legge e di applicarla secondo la *ratio* ricavabile dal sistema della legge stessa (sistema che, nel caso della legge 184/83 è nettamente contrario a ogni frode in materia di adozione e in materia di introduzione in Italia di minori stranieri); ebbe cura di individuare quale fosse il reale interesse della minore in una prospettiva di tempi lunghi (ché le decisioni giudiziali riguardanti un minore vanno valutate non soltanto in un'ottica di tempi brevi e di effetti immediati, bensì proiettandole nel futuro del minore stesso); respinse le pretese di chi, facendosi forte del fatto compiuto e del tempo guadagnato con espedienti vari, tentava di avvalersi di una sorta di usucapione della minore;[14] ritenne che le scelte del Tribunale fossero in linea con l'interesse della minore e confermò pertanto i provvedimenti emessi nella vicenda dal Tribunale stesso.[15]

---

[13] Tanto che il tutore fu costretto, per tutelare la minore, a ricorrere al Pretore per ottenere un provvedimento d'urgenza ex art. 700 c.p.c. (cf Pretura Chieri 19 dicembre 1989 e 3 gennaio 1990, in *Il diritto di famiglia e delle persone*, 1990, pagg. 572 ss.) che ordinasse la cessazione delle arbitrarie intrusioni.

[14] L'efficace e realistica espressione «usucapione dei bambini» venne usata per definire il criticato fenomeno in un interessante articolo di L. LENTI, *I bambini non si usucapiscono*, in *Giurisprudenza italiana*, 1989, 1,2, col. 515 ss.

[15] I provvedimenti vennero pubblicati per intero in *Giurisprudenza italiana*, 1989, I, 2, col. 523 e 531; in *Foro italiano*, 1990, I, col. 216; in *Il Diritto di famiglia e delle persone*, 1990, pag. 64 e 74.

In questa vicenda difficile e travagliata, in cui qualsiasi decisione avrebbe avuto risvolti positivi e risvolti negativi, apprezzai enormemente l'apporto che gli esperti componenti privati diedero alle discussioni in camera di consiglio: un contributo competente e profondo che illuminò il collegio sugli aspetti psicologici della vicenda, consentendo una valutazione completa e approfondita del caso in esame.

Per quanto riguarda l'informazione, vorrei fare due considerazioni che ritengo interessanti.

La prima. Quando i redattori di un apprezzato settimanale televisivo mandato in onda da RAI-UNO vennero a propormi di comparire sul video in un «pezzo» dedicato al caso e di illustrare la decisione della Corte da me presieduta, mi offrsero uno spazio di due minuti primi. Io sono d'opinione che il giudice parla attraverso la motivazione dei suoi provvedimenti e che quindi l'uso di altri canali di comunicazione è, normalmente, improprio e da evitarsi. Ma in quel caso particolare, in cui gli organi di informazione avevano ampiamente discusso l'operato dei giudici minorili spesso ignorandone o fraintendendone le motivazioni, mi parve opportuno non sottrarmi all'invito di spiegare pubblicamente il contenuto e il senso dei provvedimenti emessi. Mi rendevo ben conto che due minuti in una trasmissione televisiva sono un tempo considerevole; ma in quella situazione erano assolutamente inadeguati a spiegare in modo esauriente un caso così delicato e così dibattuto. Dissi, allora, che avrei accettato alla sola condizione di avere a disposizione il tempo necessario per spiegare compiutamente il provvedimento della Corte: cioè un tempo non inferiore ai quindici minuti. Mi fu risposto testualmente: «No. I telespettatori non reggerebbero». Replicai. «Se la cosa li interessa realmente, reggeranno».

La mia richiesta non venne accolta e io non accettai. Se fosse stata accolta, si sarebbe aperta una occasione davvero eccezionale: forse per la prima volta un giudice (il quale amministra la giustizia in nome del popolo italiano) avrebbe spiegato direttamente al popolo italiano, in un intervento non dosato col contagocce e sufficientemente ampio, i motivi di un provvedimento che aveva suscitato emozione e contrasti; un'occasione straordinaria di contatto diretto tra magistratura e popolo, senza il diaframma dello scritto e del giornalista intermediario; un'occasione formidabile di crescita civile e di corretta informazione giudiziaria. Il non accoglimento della mia proposta dimostrò, a mio modesto avviso, che sovente a chi gestisce i mezzi di informazione interessa più fare sensazione e spettacolo che fare informazione, cultura, crescita civile.

Per contro - ed è la mia seconda considerazione - quel caso giudiziario ebbe anche un risvolto di segno opposto, altamente positivo.

Dopo giorni e giorni di martellanti servizi su tutti i giornali, dopo un'orgia di fotografie, di commenti, di titoli cubitali, il quotidiano «La Stampa» di Torino prese una salutare iniziativa e decise di pubblicare integralmente la motivazione del principale provvedimento che la Sezione Minorenni aveva emesso nella vicenda: un provvedimento assai ampio e dettagliato che occupò una intera pagina del giornale e che venne pubblicato senza commenti.[16]

Anche questo fu un fatto inconsueto, molto civile, che offrì ai lettori la possibilità di avvicinarsi direttamente al testo di un provvedimento giudiziale. Per quel che mi consta, venne molto apprezzato dai lettori; ad anni di distanza mi accadde di incontrare persone che mi dicevano: «Lessi su "La Stampa" il provvedimento recante la sua firma, e dopo averlo letto mi convinsi che la Corte aveva deciso bene». Analoga risposta mi era pervenuta da talune di quelle persone che mi avevano scritto criticando aspramente la decisione della Corte e alle quali avevo personalmente risposto inviando loro copia integrale del provvedimento, senza entrare in polemica ma semplicemente invitandole a leggere la motivazione, pur nella piena libertà di mantenere la loro opinione contraria.

Ho già avuto occasione di dire, nei paragrafi precedenti, che il giudice non è e non deve ritenersi infallibile; ma è giusto che la gente conosca con esattezza il suo pensiero prima di formarsi un'opinione definitiva in senso favorevole o contrario alle sue decisioni.

---

[16] *La Stampa*, 21 marzo 1989, pag. 9. Disponibile nell'archivio storico online de *La Stampa*, ricercando il titolo *"Perché Serena deve andarsene"* sull'edizione del giorno 21/03/1989 (link abbreviato: http://bit.ly/2lwjyhK).

29
LA MAGISTRATURA, CARDINE DELLO STATO DI DIRITTO. TERRORISMO, GIUDICI E DIRITTI DELL'UOMO

Gli ultimi decenni che abbiamo vissuto hanno messo in evidenza, sul piano pratico, ciò che la scienza giuridica aveva elaborato in linea teorica: l'importanza di una magistratura indipendente come garanzia fondamentale di legalità.

La stagione del terrorismo nero e rosso degli anni Settanta e dell'inizio degli anni Ottanta fu una stagione terribile, che mise a dura prova la magistratura. Fece molte vittime tra i magistrati, ma colpì spietatamente in ogni categoria: forze dell'ordme, giornalisti, politici avvocati, sindacalisti, ecc. Lo Stato sembrò, a un certo punto, soccombere di fronte all'ondata di omicidi che si susseguivano in una catena apparentemente interminabile.

Di fronte alla violenza bruta del terrorismo, lo Stato si trovò in condizioni di apparente inferiorità: la sua forza è razionalizzata, autodisciplinata; è la forza di uno «Stato di diritto» che non può tradire i principi su cui è fondato e che deve essere fedele a se stesso. Il terrorista spara e uccide senza scrupolo alcuno; il disprezzo per la vita umana è un suo principio programmatico. Lo Stato non può e non deve fare altrettanto: la sua ragion d'essere è la legalità, il rispetto della vita umana e dei diritti dell'uomo; esso ha, sì, un apparato punitivo, ma tale apparato punitivo (pur con i suoi difetti) è costruito su certi principi fondamentali di umanità, dimenticando i quali lo Stato negherebbe se stesso e si porrebbe sullo stesso piano dei terroristi.

La tentazione di abbandonare le garanzie dello Stato di diritto fu molto forte: da vaste zone dell'opinione pubblica salivano pressanti istanze di giustizia sommaria, di ripristino della pena di morte, di risposta alla violenza con cieca violenza. Ma lo Stato, pur ricorrendo a una legislazione dell'emergenza per più d'un verso discutibile, resistette, nella sostanza, alle forti sollecitazioni che gli venivano dal basso sull'onda di una incontrollata emotività. E, alla lunga, quella fondamentale fedeltà a se stesso risultò vincente.

Quella vittoria costò, indubbiamente, enormi tensioni ed enormi rischi. I magistrati più esposti furono quelli che condussero i più gravi processi alle «brigate rosse», ai «nap», a «ordine nuovo», alle varie formazioni terroristiche di destra e di sinistra.

Non ebbi mai occasione di lavorare in corte d'assise e quindi non fui tra i magistrati che condussero maxiprocessi contro il terrorismo e che si trovarono maggiormente esposti. Ma, come giudice di una Sezione penale della Corte di appello, ebbi occasione, negli anni 1974-1980, di partecipare a vari processi «minori» a carico di terroristi (ad esempio, processi per porto abusivo di armi, per rapina, ecc.). Erano processi difficili da condurre, con imputati arroganti che non esitavano a oltraggiare e a minacciare i giudici. Alcuni imputati erano latitanti e venivano giudicati in contumacia: erano quindi in circolazione, e la sensazione che un giudice ne ricavava era quella di essere quotidianamente esposto all'aggressione da parte di soggetti sconosciuti, disposti a tutto e assolutamente privi di scrupoli. La prospettiva di essere ucciso o ferito era tutt'altro che remota.

In quel periodo mi familiarizzai con il pensiero della morte, e ne trassi motivo di crescita interiore. Mi abituai a vivere *come se* la giornata che vivevo fosse l'ultima. E devo riconoscere che fu un esercizio spirituale singolarmente proficuo, che mi consentì di acquistare una serenità che non avrei mai immaginato. Forse perché quella condizione psicologica non era, in fondo, che un prendere atto della assoluta precarietà della nostra vita, la quale è esposta a finire da un giorno all'altro per le cause più svariate, più imprevedibili e più banali.

Capii meglio la situazione dei colleghi più esposti. Non avevo scorta, naturalmente, perché i processi non erano i più gravi e lo Stato non può proteggere con scorta tutti i magistrati che si trovino in una qualsiasi situazione di rischio. Ma l'assenza di scorta non mi pesava: un magistrato che abbia la scorta paga duramente quel po' di sicurezza che gliene può derivare; la paga con una sorta di prigionia, con l'impossibilità di muoversi liberamente, con il sacrificio della propria *privacy*. A parte poi, come l'esperienza ha purtroppo insegnato, che la presenza di una scorta serve assai poco e finisce spesso per trasformare una uccisione singola in una strage.

Vinto il terrorismo politico, un'altra stagione durissima si aprì ed è tuttora aperta: quella del terrorismo di stampo mafioso. Anche qui, le vittime tra i magistrati sono innumerevoli: e le connessioni tra mafia e politica che vanno emergendo rendono più dura e difficile la battaglia dei giudici in difesa della legalità, poiché rivelano smagliature e falle all'interno stesso dell'apparato statuale (gravissimi sospetti investono persino taluni magistrati, rendendo ancor più drammatica la falla): smagliature e falle che sembrano oggi aggravarsi perché il potere esecutivo dà oggi l'impressione di sottovalutare la gravità e l'estensione del fenomeno mafioso, di «abbassare la guardia», di lasciare isolati i magistrati più esposti e inascoltate le loro richieste di potenziamento delle strutture operative.

Ma l'impegno civile della grande maggioranza dei giudici (quella che io chiamo «la magistratura nel suo complesso») sta dando i suoi frutti. I numerosi processi per corruzione e per concussione che hanno investito, a decorrere dal febbraio 1992, la classe politica a tutti i livelli stanno portando alla luce una situazione di illegalità di dimensioni incredibili (che il linguaggio corrente ha denominato «Tangentopoli»), in cui affiorano anche collusioni tra classe politica e ambienti mafiosi.

La graduale scoperta di questo marcio profondamente radicato e il terremoto politico e sociale che ne è derivato hanno operato una vera e propria rivoluzione nel costume, nella mentalità, nel panorama dei partiti e delle istituzioni. Ciò che di sano c'è nel popolo italiano (ed è molto) ha reagito positivamente: si è manifestata una immensa «voglia di legalità», di giustizia, di pulizia, di rinnovamento; una voglia tuttora viva e rimasta ancora in gran parte insoddisfatta da parte della classe politica. E la popolarità della magistratura ha raggiunto vertici altissimi, poiché il terzo potere ha rivelato risorse eccezionali di incisività, di intelligente energia, di assoluta indipendenza, di ferma applicazione della legge senza guardare in faccia a nessuno, ma con fedeltà assoluta alle garanzie di difesa spettanti a ciascun imputato.

Qualcuno, con sciocca enfatizzazione, ha parlato di una sorta di «governo dei giudici»: trascurando platealmente il fatto che i giudici svolgono semplicemente le loro funzioni giurisdizionali e che il terremoto politico che ne deriva è una conseguenza obiettiva ed esterna, la quale pone problemi del tutto estranei alle competenze della magistratura e non ha nulla a che vedere con i compiti dei giudici. C'è anche chi, di fronte alle iniziative giudiziarie, evoca l'immagine del «complotto». È singolare come in questi ultimi anni chi sia stato indagato per illeciti penali attinenti alla sfera dell'attività politica abbia spesso lamentato un «complotto» a proprio danno. Si tratta di un atteggiamento chiaramente pretestuoso, tipico di chi non ha migliori argomenti; ed è addirittura risibile nella sua sistematica e goffa ripetitività. Ma direi che è soprattutto espressione di arroganza e di incultura, poiché mette sullo stesso piano lo svolgersi di una indagine giudiziaria e le trame criminali che stanno dietro alcuni episodi terribili della storia di questi ultimi decenni (a cominciare dalla strage di piazza Fontana). Dello Stato italiano si potrà dire che ha molti difetti, ma non certo quello di essere uno «Stato di polizia» in cui polizia e magistratura complottano alle spalle dei cittadini onesti.

C'è, poi, chi contesta l'uso che i giudici fanno della custodia cautelare in carcere (cioè della carcerazione preventiva in corso di processo), lamentando che tale misura viene usata per estorcere confessioni. Ma, per quel che è possibile valutare dall'esterno (cioè senza conoscere gli atti dei singoli processi), simili proteste appaiono infondate e non realistiche: in processi di questo genere, che riguardano situazioni molto complesse, frutto di piani criminosi molto raffinati che si avvalgono di operazioni finanziarie di alto livello, i rischi di inquinamento della prova sono enormi: basta una telefonata da parte dell'imputato per alterare il quadro probatorio, per spostare ingenti capitali, per intimidire o corrompere un teste pericoloso, per far sparire documenti compromettenti. E tale rischio di inquinamento della prova viene eliminato con sicurezza soltanto quando l'indiziato, già raggiunto da pesanti elementi processuali accusatori, confessa: solo in quel momento il quadro probatorio viene, per così dire, fissato, fotografato, reso - in linea di massima - immutabile: solo in quel momento viene a verificarsi una situazione processuale tale da consentire di ritenere eliminato il rischio di inquinamenti della prova (fatta salva, s'intende, la valutazione critica della prova in sede di decisione del merito).

Si dirà: «Ma se l'imputato è innocente? Come può confessare?».

Se l'imputato è innocente, gli elementi processuali a suo carico non saranno così pesanti e consentiranno una revoca della custodia cautelare a prescindere dalla confessione: come è appunto accaduto in taluni casi di processi per tangenti. Certo, la possibilità di errore è sempre una drammatica eventualità. Ma quando gli elementi processuali a carico sono pesanti (e quindi la probabilità di colpevolezza è forte), la custodia cautelare in carcere costituisce una misura prudenziale di essenziale importanza: infatti gli stessi arresti domiciliari non danno sufficienti garanzie, data la estrema difficoltà di controlli continuativi che offrano agli inquirenti assoluta sicurezza.

Frequentemente mi sento rivolgere questa domanda: «Perché la magistratura si è mossa così tardi? Perché non si è mossa prima, visto che da anni si aveva la sensazione che la corruzione fosse molto diffusa?»,

La risposta che mi viene spontanea è questa. Tutte le volte che la magistratura ha ricevuto denunce si è mossa tempestivamente, ha istruito processi, ha condannato chi è risultato colpevole. Nel 1983 ebbe inizio a Torino un procedimento per tangenti che si concluse con la condanna del vicesindaco e di altre persone; sempre negli anni Ottanta, a Savona, si svolse un processo contro pubblici amministratori per analoghi fatti, e si concluse con condanne; e altri esempi si potrebbero citare. Ma in quegli anni i processi erano rari perché pochi denunciavano, pochi parlavano, pochi confessavano. E il giudice non può iniziare un processo, e tanto meno pervenire a una condanna, se non gli vengon fornite prove concrete. Nel febbraio 1992, per un fortunato concorso di circostanze, qualcuno, a Milano, cominciò a «vuotare il sacco» e i magistrati ebbero a disposizione un materiale probatorio sicuro e inattaccabile, che andò rapidamente crescendo e consentì di inchiodare corrotti e corruttori alle loro responsabilità. La ragione fondamentale della svolta è dunque questa: la rottura degli argini dell'omertà.

Che poi a questa ragione di fondo se ne affianchino altre, può anche darsi. Ma non è questa la sede per analizzarle, perché queste riflessioni non hanno la pretesa di esaurire gli argomenti da cui traggono spunto. A me preme porre in evidenza come una magistratura indipendente sia cardine dello Stato di diritto e come lo sforzo dei giudici sia, pur fra mille difficoltà e pur nel doveroso intento di scoprire e punire gli autori di reati, orientato al rispetto dei diritti umani e delle garanzie di difesa.

30
COSTRUIRE L'EUROPA ANCHE ATTRAVERSO LA GIURISPRUDENZA

«Costruire l'Europa anche attraverso la giurisprudenza»? A prima vista può sembrare una battuta. E invece il servizio che il giudice può compiere attraverso il proprio lavoro non si ferma alla collettività nazionale, ma si estende a più vasti orizzonti.

Si pensi alla collaborazione internazionale tra giudici di Stati diversi nella lotta penale a fenomeni di criminalità che hanno dimensioni sovranazionali (ad esempio, il commercio della droga, la mafia, il commercio delle armi).

Ma si pensi altresì, sul piano civilistico, alla collaborazione giudiziaria che nasce dal Trattato di Roma, istitutivo della Comunità Europea (divenuta, dal 1992, Unione Europea): un Trattato che dà ampio spazio ai giudici per la costruzione dell'unità europea, non soltanto perché istituisce una Corte di giustizia della Comunità, che ha sede a Lussemburgo e ha la funzione di giudicare le eventuali inadempienze degli Stati membri rispetto agli obblighi comunitari nonché gli eventuali atti illegittimi e le eventuali responsabilità delle istituzioni comunitarie, ma anche perché attribuisce ai giudici nazionali (e quindi pure ai giudici italiani) il potere di adire la Corte perché essa si pronunci, in via pregiudiziale, sull'interpretazione del Trattato o sulla validità e interpretazione degli statuti degli organismi creati dal Consiglio, quando ciò sia previsto dagli statuti stessi.

Tale potere, previsto dall'art. 177 del Trattato, intende assicurare una interpretazione univoca delle norme comunitarie e promuovere quindi, sotto il profilo giuridico, il processo di maturazione dell'unità europea. E invero il Trattato attribuisce alle decisioni della Corte efficacia vincolante per il giudice nazionale nel procedimento in cui è stato richiesto l'intervento della Corte stessa.

Pertanto ogni giudice italiano che, in un procedimento davanti a sé, si rivolge alla Corte di Lussemburgo per ottenere una pronuncia interpretativa in ordine a una norma comunitaria o a un atto comunitario che egli deve applicare, dà un contributo al cammino della unificazione europea. Occorre dunque che il giudice italiano affini la propria sensibilità anche in quella direzione.

A tale scopo la Comunità Europea promuove brevi soggiorni di studio a Lussemburgo per magistrati «nazionali», invitando gruppi di giudici dei vari Stati membri affinché conoscano la Corte di giustizia della Comunità, i suoi giudici, la sua attività, il suo modo di lavorare. Si tratta di occasioni per allargare gli orizzonti e per incontrare anche giudici di altre nazionalità, stabilendo rapporti di colleganza e di cordialità tra magistrati europei di varie nazioni. Ricordo l'impressione profonda che mi fece, molti anni fa, partecipare a uno di quei soggiorni di studio e conoscere, fra gli altri, il Presidente della Corte, che era allora il francese Robert Lecourt, uomo di vasta preparazione giuridica, di grandi doti manageriali e di squisita signorilità.

Lo stretto rapporto che il Trattato di Roma istituisce tra Corte di giustizia della Comunità Europea e giudici degli Stati membri apre, dunque, al giudice italiano orizzonti ben più ampi di quelli che egli ricava dalla sola visione della propria giurisdizione nazionale.

Lo pone a contatto con una realtà internazionale in pieno movimento, nella quale si è andata affermando una chiara tendenza al superamento di una visione dei problemi in chiave di sovranità nazionale. Lo Stato come entità sovrana ed esclusiva, che non riconosce alcuna autorità superiore a sé e che afferma con gelosa sicurezza il principio di non ingerenza di terzi nei propri affari interni, sta tramontando (e l'art. 11 della Costituzione italiana contiene, con lungimirante preveggenza, le premesse di tale tramonto).

La civiltà giuridica sta camminando a grandi passi verso la internazionalizzazione dei diritti umani: in Dichiarazioni, Patti e Convenzioni internazionali gli Stati non sono più soggetti esclusivi del diritto internazionale, ed emergono invece - sia a livello regionale che a livello planetario - soggetti nuovi, quali le Organizzazioni internazionali non governative (le OING, che Johann Galtung ha definito «continente non territoriale») e gli individui stessi, che per la prima volta assumono soggettività internazionale e possono agire direttamente per la tutela dei diritti umani (essendo portatori di un patrimonio morale e giuridico che appartiene a tutta l'umanità) davanti a organi internazionali.

Si pensi, ad esempio, alla Convenzione europea per la salvaguardia dei diritti dell'uomo e delle libertà fondamentali firmata a Roma il 4 novembre 1950 (e ai successivi Protocolli addizionali), in forza della quale i diritti dell'uomo hanno cessato di essere semplici affermazioni filosofico-politiche e sono diventati realtà giuridica, sanzionata e tutelata da un sistema di garanzie internazionali: nell'ambito di quel sistema si colloca la «Corte europea dei diritti dell'uomo», alla quale possono rivolgersi anche singole persone fisiche o singole organizzazioni non governative. In tal modo la soggettività internazionale si allarga, e ai tradizionali soggetti internazionali (gli Stati) si affiancano nuovi soggetti internazionali, che sono più diretta espressione dei popoli e sono portatori di logiche diverse da quelle degli Stati.

Si tratta, insomma, di un profondo mutamento di prospettive, che - si badi - non si limita alla regione europea, bensì investe l'intero diritto internazionale, l'intero mondo del diritto su scala planetaria: un giudice moderno, sensibile alle tematiche dei diritti umani, attento e documentato, non può e non deve restare estraneo a questo mutamento culturale.

31
LA DONNA NELLA MAGISTRATURA

Sono ormai più di trent'anni che le donne hanno accesso alla magistratura. Prima della legge 9 febbraio 1963 n. 66 quell'accesso era precluso e la magistratura era un «ordine» esclusivamente maschile:

Ho sempre ritenuto che la funzione giurisdizionale non presenti nessun elemento che escluda la partecipazione femminile: e da molto tempo sostengo che la donna ha diritto di accedere anche alla magistratura militare e che nessun valido argomento si può opporre oggi a tale accesso.[17]

Certo in taluni casi l'esercizio della funzione giurisdizionale è molto faticoso (come quando, ad esempio, una camera di consiglio si protrae fino a tarda ora, o magari fino al mattino successivo dopo una giornata di intenso dibattimento, o come quando un pubblico ministero deve assumere l'immediata direzione di indagini relative a un delitto avvenuto nel cuore della notte); ma la donna ha sempre dato prova, in tutti i campi, di avere una resistenza psico-fisica per certi versi superiore a quella dell'uomo.

Questa mia convinzione ha trovato piena conferma nell'esperienza di lavoro fatta in questi ultimi trent'anni. Ho sempre avuto colleghe molto qualificate: preparate sul piano giuridico, ricche di intuito e di sensibilità nel cogliere i punti essenziali di una causa e nel valutare una prova, dotate di grande capacità di impegno e di notevole resistenza nel lavoro. Anche qui, come nella componente maschile della magistratura, ci sono livelli diversi, gradi diversi di impegno: ma la mia personale esperienza è stata nettamente positiva.

Direi che la presenza della donna è stata accettata dai magistrati senza grosse difficoltà. Inizialmente con qualche riserva e perplessità, specialmente da parte dei più anziani, più legati alle tradizioni chiuse e maschiliste della «corporazione» (fino al caso limite di un collega

---

[17] Può vedersi: R. VENDITTI, *Il processo penale militare*, Giuffrè, Milano, terza edizione (1993).

che rifiutava di far parte di un collegio in cui ci fosse un magistrato donna); poi, via via, le riserve sono cadute di fronte all'ottima prova fornita dalle donne magistrato nel loro impegno concreto di lavoro. Se c'è un campo in cui la parità dei sessi si è attuata con autentica pienezza, esso è proprio quello dell'esercizio delle funzioni giudiziarie.

Tuttavia parità non significa assenza di differenze. E le donne magistrato tendono giustamente a individuare quelle differenze: esse avvertono che la cultura giuridica è un bagaglio plurisecolare elaborato dai maschi e che il modello di giudice offerto finora dalla tradizione giudiziaria è un modello maschile; avvertono anche che la differenza sessuale è un valore originario e irriducibile e che occorre valorizzare quella differenza, dando una dimensione femminile alla pratica del giudicare: essere donne non deve costituire un ostacolo da superare, bensì un modo specifico di esistere e di pensare. Entrano, così, nella dialettica processuale e giudiziaria elementi originali e nuovi che la arricchiscono e che contribuiscono a disegnare un modello nuovo di giudice.

Il numero delle donne in magistratura sta salendo rapidamente. Mentre alla fine degli anni Settanta su dieci uditori che entravano in magistratura 6,5 erano maschi e 3,5 femmine, negli ultimi concorsi la percentuale è diventata sostanzialmente paritaria. Ritengo che tale aumento sia dovuto da un lato al fatto che il lavoro di magistrato attrae molto la donna, e dall'altro al fatto che nei concorsi (che sono molto difficili e selettivi) le donne hanno, in media, risultati migliori per la loro preparazione e il loro intuito giuridico.

Il lavoro di magistrato attrae la donna non solo perché è un lavoro di coscienza, libero e indipendente, ma anche perché, almeno in certi settori, consente di conciliare gli impegni della professione con gli impegni della famiglia: infatti solitamente una cospicua parte del lavoro del giudice (quella consistente nello studio degli atti processuali per preparare la decisione e quella consistente nella motivazione delle sentenze deliberate in camera di consiglio) si svolge - come ho già avuto occasione di dire - a casa, con grande libertà di organizzazione del proprio tempo. E ciò, per una donna che abbia figli piccoli o che aspiri ad averli, è di grande importanza.

Io stesso mi sono giovato moltissimo di quel tipo di lavoro. Lavorare in casa consente piena libertà di ritmi; consente presenza ai figli e alle loro esigenze in qualsiasi momento della giornata; consente una collaborazione familiare molto intensa, pur senza nulla togliere al lavoro professionale, che può essere liberamente svolto nelle più svariate ore della giornata o della sera o, al limite, della notte.

32
GIUSTIZIA E VARIA UMANITÀ

Lo studio e la pratica del diritto si sono sempre accompagnati, fin dal tempi più antichi, all'amore per le lettere, per l'arte, per le scienze umane.

Ogni persona che svolge una attività professionale coltiva normalmente un *hobby*. Nel mondo dei giuristi un *hobby* tra i più frequenti e diffusi riguarda il campo delle lettere, dell'arte, della musica: si potrebbe dire che c'è in quel senso una naturale propensione.

Sono passate alla storia le arringhe dei grandi avvocati, nutrite di riferimenti alla letteratura, alla filosofia, alla poesia, alla psicologia, all'arte: e si trattava normalmente di riferimenti attenti e puntuali, frutto di studio, di passione, di autentica cultura, anche se talvolta ammantati di retorica.

Conosco magistrati e avvocati che si dilettano di dipingere o scolpire, di suonare uno strumento, di scrivere poesie o racconti, di conoscere lingue inconsuete (dal greco al sanscrito); oppure sono appassionati di storia o di filosofia o di numismatica o di filatelia; oppure conoscono a fondo un determinato scrittore italiano o straniero, o un determinato periodo storico, o un determinato musicista.

Direi che c'è un motivo profondo. Occorre ricordare che gli studi di legge non sono studi aridi, tecnici, separati e lontani dal mondo delle lettere e dal mondo dell'arte. Tra questi mondi e il mondo del diritto non c'è incomunicabilità: anzi. Perché gli studi di legge sono studi umanistici, che riguardano l'uomo, la sua realtà, i suoi rapporti con gli altri; quindi preparano ad accogliere e a comprendere ogni manifestazione dello spirito umano.

Non per nulla alcuni dei primi poeti italiani furono giuristi: Cino da Pistoia, lo squisito poeta del «dolce stil novo», studiò legge a Bologna, fu allievo di Accursio e insegnò diritto in varie città d'Italia; Iacopone da Todi, la cui poesia segnò il passaggio dal latino (il famoso *Stabat Mater)* al volgare (le *Laude),* aveva studiato anch'egli diritto a Bologna e aveva esercitato la professione di avvocato e di notaio. E l'elenco potrebbe essere interminabile: giudici furono Guido delle Colonne, Guido Guinizelli e Montaigne; avvocati furono Francesco Petrarca, Francesco Guicciardini, Carlo Goldoni, Luigi Settembrini; studi di diritto avevano fatto Boccaccio, Ariosto, Tasso, Leon Battista Alberti, Molière, Goethe, Carlo Cattaneo, Ippolito Nievo, Giuseppe Giusti, Giovanni Verga, Guido Gozzano, Marcel Proust, ecc.

È ben vero che nei secoli passati il diritto era uno dei pochi filoni di studio presenti nelle università: ma ciò nulla toglie al significato del connubio diritto/arte e all'esistenza di un fecondo interscambio tra i due campi. E anche se è accaduto talora che qualcuno dei personaggi sopra citati studiasse diritto per imposizione della famiglia e abbandonasse tale studio non appena diveniva chiara la sua vocazione letteraria o artistica, sta di fatto che il diritto non uccise la loro vocazione, ma, in un certo senso, l'aiutò a svilupparsi.

Emblematico, a questo proposito, è l'esempio di Robert Schumann, il grande musicista romantico tedesco: egli, per compiacere la madre vedova, aveva intrapreso gli studi di giurisprudenza, pur sentendosi attratto dalla musica, e aveva frequentato dapprima l'università di Lipsia, poi quella di Heidelberg; e proprio tra i suoi professori di diritto trovò degli appassionati di musica che lo aiutarono a scoprire e a seguire la sua autentica vocazione musicale. Quei professori erano Anton Friedrich Thibaut, illustre autore di ponderosi trattati sulle Pandette ma anche di un volumetto *Sulla purezza dell'arte dei suoni,* e Karl Josef Mittermaier, giurista prestigioso (oltreché uomo politico) che scriveva di civile e di penale, che prediligeva la procedura penale e che aveva fondato una importante rivista di scienza giuridica e di diritto comparato.

Analogamente, non è senza significato che Franz Schubert, impareggiabile cantore di *Lieder,* abbia avuto tra i suoi molti amici parecchi magistrati e avvocati e abbia trovato in essi i primi estimatori della sua musica. Così come non è senza significato il fatto che Felix Mendelssohn, la cui musica limpida e serena illuminò la prima metà dell'Ottocento, abbia avuto tra i suoi migliori amici un uomo di legge, il diplomatico Karl Klingemann.

Ho fatto questi esempi per mettere in evidenza i nessi profondi che legano il diritto ai vari campi della cultura umanistica.

Per parte mia, ho sempre avuto uno spiccato interesse per la musica. Non tanto per la musica direttamente praticata attraverso uno strumento, quanto piuttosto per la musica ascoltata, gustata, collocata nel suo tempo, rapportata alla personalità del suo autore. Il tempo che avrei dedicato a imparare mediocremente uno strumento preferii dedicarlo alla frequentazione dei concerti, all'ascolto, alla lettura di libri di musicologia, alla conoscenza della biografia dei principali compositori: e volentieri dedicai parte del mio tempo libero a diffondere, far conoscere, far gustare la musica classica, attraverso conferenze, lezioni, incontri musicali (notevolmente cresciuti di numero da quando sono andato in pensione come magistrato).

Mi accadde, in tal modo, di accumulare parecchio materiale, che poi - per una singolare combinazione di circostanze - diede vita alla pubblicazione di una *Piccola guida alla grande musica*, che presenta le biografie di alcuni grandi compositori (da Vivaldi a Beethoven, da Bach a Chopin, da Mozart a Brahms), accompagnandole con l'indicazione di piste di ascolto destinate a far meglio conoscere la loro musica.[18]

---

[18] R. VENDITTI, *Piccola guida alla grande musica*, Edizioni Sonda, Torino:
1° vol. (1990, 1994, 2003, 2013) Vivaldi, Bach, Händel, Haydn, Mozart, Beethoven
2° vol. (1991) Schubert, Schumann, Mendelssohn, Chopin
3° vol. (1993, 2011) Tartini, Paganini, Liszt, Berlioz, Brahms
4° vol. (1995) Franck, Ciaikowskij, Bruckner, Mahler
5° vol. (1997) Dall'epoca di Dante a quella di Goldoni
6° vol. (2000) Grieg, Smetana, Dvořák, Musorgskij, Debussy
7° vol. (2003) Scarlatti, Boccherini, Ravel
8° vol. (2005) Pergolesi, Stravinsky
9° vol. (2007) Sibelius, Rachmaninov
10° vol. (2009) Saint-Saëns, Gershwin

33
«NOLITE JUDICARE».
SPUNTI SAPIENZIALI SUL GIUDICE

Più volte qualcuno mi ha domandato: «Lei, che è credente in Cristo, come fa a conciliare il suo lavoro di giudice con la frase di Cristo "Non giudicate"?».

La mia risposta nasce da una riflessione di cui sono profondamente convinto. Nel dire *Nolite judicare* («Non giudicate», *Matteo* 7,1), Gesù non intende affatto abolire o delegittimare la funzione del giudice. Tant'è vero che nel Vangelo secondo Luca (*Luca* 18,2-8) egli racconta la parabola del giudice iniquo: quel giudice è iniquo perché, non curandosi né di Dio né degli uomini, omette di rendere giustizia alla vedova e, di fronte alle insistenti richieste di quest'ultima, si decide a provvedere soltanto per togliersi la seccatura.

Dunque, la connotazione negativa di quel giudice non sta nella sua funzione di giudicare: sta, invece, nell'indursi a compiere il proprio dovere soltanto di fronte alle insistenze della vedova. Cristo biasima il giudice non perché giudica, ma perché non giudica; e stabilisce addirittura un paragone tra l'uomo giudice e Dio giudice, sottolineando la dignità e positività del «fare giustizia», del giudicare prontamente, rettamente, equamente.

Nella Bibbia il retto giudicare è presentato appunto come una delle prerogative essenziali di Dio: «Il Signore è giudice e non v'è presso di lui preferenza di persone; non è parziale con nessuno...» (*Siracide* 35,12), rende soddisfazione al giusto e ristabilisce l'equità (*Siracide* 35,18); «Il Signore è giusto giudice» (*2 Timoteo* 4,8). Ma il fatto che si tratti di una prerogativa essenziale di Dio non esclude che anche l'uomo possa e debba esercitare funzioni di giudice.

La Bibbia abbonda, specialmente nei libri sapienziali, di riferimenti all'uomo giudice, e si tratta di riferimenti positivi, che apprezzano il ben giudicare e riprovano il mal giudicare: «Condannare un giusto e dichiarare innocente un colpevole sono due cose che fanno ribrezzo al Signore» (*Proverbi* 17,15); «Il giusto si rallegra quando è fatta giustizia, mentre i malfattori sono presi da paura» (*Proverbi* 21,15).

Più volte la funzione umana del giudicare viene presentata come essenziale (si veda, ad esempio, *Esodo* 18,13-26, in cui Mosè è presentato proprio nell'atto di giudicare da mattino a sera e viene consigliato da Jetro di nominare dei collaboratori nell'attività di giudice, scegliendo «uomini capaci, seri, rispettosi di Dio, che amano la verità e non si lasciano corrompere»). E nell'atto di giudicare viene colta la prima immagine di Debora, a cui il popolo andava per avere giustizia e che rendeva giustizia agli Israeliti, seduta sotto una palma sita in una località tra Rama e Betel (*Giudici* 4,4-5); è ben vero che, a quell'epoca, in Israele i «giudici» erano anche capi politici, ma ciò non toglie che anche allora il giudice fosse, nell'atto di giudicare, realmente giudice, sia pur senza le garanzie istituzionali di cui tale funzione fruisce oggi. La figura di Debora - si badi - è forse il primo esempio di donna-giudice che la storia ci presenti; ed è bella quell'immagine di una giustizia amministrata sotto la palma, in un rapporto diretto e immediato con le parti, senza complicazioni formali e in grande semplicità umana.

Dunque, *Nolite judicare* non significa demonizzazione del giudice, proibizione di fare il giudice. E allora che cosa significa?

A mio modesto avviso, significa questo: non pretendete di giudicare, di catalogare, di etichettare le persone; rispettate la coscienza di ogni uomo. Anche il giudice, che pur è chiamato a rendere giustizia, si limiti a giudicare i fatti e le relative responsabilità, ma non pretenda di classificare le persone, di inchiodarle al loro passato, di inquadrarle in schemi comportamentali immutabili. Se io, giudice, condanno una persona per un furto che ha commesso, non ho nessun diritto di classificare quella persona come un ladro e di stamparle addosso una etichetta, un marchio che la emargini per sempre. La realtà ultima dell'uomo sfugge al giudizio umano: nessuno, neanche il giudice, può pretendere di sostituirsi a Dio nello scrutare *renes et corda,* cioè l'intimo del cuore dell'uomo, la coscienza e le sue possibilità di ricupero. Ogni uomo, come ho già avuto occasione di ricordare, è chiamato a cambiare, a revisionare la propria vita, a «convertirsi» (cioè a cambiare direzione).

Il «giudicare» a cui si riferisce Gesù non è il giudizio giuridico, la sentenza del giudice: è il giudizio morale col quale ciascuno è portato a vedere più facilmente la pagliuzza nell'occhio dell'altro che non la trave nell'occhio proprio (ed è appunto in quel contesto che si pone la frase di Gesù). È lo stesso atteggiamento che Cristo bolla nei farisei, affermando che i pubblicani e le prostitute (cioè coloro che nel giudizio morale dei farisei erano considerati i reietti e gli ultimi) li precederanno nel Regno dei cieli. Tutto l'Evangelo è sotteso da questo capovolgimento di posizioni e di ruoli, che mette in evidenza come Dio guardi la coscienza dell'uomo e della donna in profondità, al di là delle apparenze esteriori, cogliendo i moti più autentici ed essenziali.

In questa luce il giudicare di Cristo-giudice diventa frutto di un misterioso impasto di giustizia e di misericordia: un impasto reso con mirabile efficacia da quel *Dies irae* che Mozart musicò nel suo *Requiem* (composto negli ultimi giorni di vita), rendendone splendidamente tutte le sfumature. Il *Dies irae* è, infatti, una «sequenza» assai complessa, articolata, ricca di sfumature. I suoi versi latini presentano Dio come sommo giudice che nel «giorno dell'ira» appare in tutta la sua maestà e severità; ma, al tempo stesso, danno spazio alla voce del credente, che ricorda al suo Signore i gesti di misericordia compiuti da Cristo, la sua fatica dell'assumere la nostra umanità, il suo condividere la condizione umana fino alla sofferenza e alla morte, e invoca tutto ciò come motivo per ottenere il perdono delle proprie colpe:

«Recordare, Jesu pie,
Quod sum causa tuae viae.
Ne me perdas illa die.

Quaerens me, sedisti lassus,
Redemisti crucem passus.
Tantus labor non sit cassus...

Qui Mariam absolvisti
Et latronem exaudisti
Mihi quoque spem dedisti»

«Ricordati, o Gesù pietoso,
che io fui la causa
del tuo cammino di uomo;
fa' che io non sia perduto
in quel giorno.
Cercando me, sedesti stanco
mi redimesti soffrendo sulla croce;
tanta fatica non sia resa inutile...
Tu,
che assolvesti Maria Maddalena
ed esaudisti il buon ladrone,
hai dato speranza anche a me»

Il giudicare di Dio è dunque una dimensione diversa da quella del giudicare dell'uomo-giudice; e il *Nolite judicare* è un richiamo a ciascuno perché si astenga dal formulare i giudizi penetranti e assoluti che competono soltanto a Dio.

E allora mi par chiaro che la funzione del giudice non viene messa in questione. Ciò non esclude che il *Nolite judicare* sia un ammonimento valido anche per i giudici: li richiama alla prudenza e al senso della misura nell'esercitare la loro funzione.

www.ingramcontent.com/pod-product-compliance
Lightning Source LLC
Chambersburg PA
CBHW022006170526
45157CB00003B/1171